**Let's Play
Bauen in Minecraft**

EDV 945,7 BRA

27. 03. 2019
H.K

Daniel Braun

Let's Play
Bauen in Minecraft

Unter Wasser, auf dem Land und in der Luft
Bauanleitungen, Inspiration, Profi-Tipps

Bibliografische Information der Deutschen Nationalbibliothek
Die Deutsche Nationalbibliothek verzeichnet diese Publikation in der
Deutschen Nationalbibliografie; detaillierte bibliografische
Daten sind im Internet über <http://dnb.d-nb.de> abrufbar.

Bei der Herstellung des Werkes haben wir uns zukunftsbewusst für
umweltverträgliche und wiederverwertbare Materialien entschieden.
Der Inhalt ist auf elementar chlorfreiem Papier gedruckt.

ISBN 978-3-95845-850-5
1. Auflage 2019

www.mitp.de
E-Mail: mitp-verlag@sigloch.de
Telefon: +49 7953 / 7189 - 079
Telefax: +49 7953 / 7189 - 082

© 2019 mitp Verlags GmbH & Co. KG, Frechen

KEIN OFFIZIELLES MINECRAFT-PRODUKT.
NICHT VON MOJANG GENEHMIGT ODER MIT MOJANG VERBUNDEN.

Minecraft and its graphics are a trademark of Mojang Synergies AB.

Dieses Werk, einschließlich aller seiner Teile, ist urheberrechtlich geschützt.
Jede Verwertung außerhalb der engen Grenzen des Urheberrechtsgesetzes ist
ohne Zustimmung des Verlages unzulässig und strafbar. Dies gilt insbesondere
für Vervielfältigungen, Übersetzungen, Mikroverfilmungen und die
Einspeicherung und Verarbeitung in elektronischen Systemen.

Die Wiedergabe von Gebrauchsnamen, Handelsnamen, Warenbezeichnungen
usw. in diesem Werk berechtigt auch ohne besondere Kennzeichnung nicht
zu der Annahme, dass solche Namen im Sinne der Warenzeichen- und
Markenschutz-Gesetzgebung als frei zu betrachten wären und daher von
jedermann benutzt werden dürften.

Lektorat: Sabine Schulz
Sprachkorrektorat: Petra Heubach-Erdmann
Coverbild: Daniel Braun
Satz: III-satz, Husby, www.drei-satz.de
Druck: Medienhaus Plump GmbH, Rheinbreitbach

Inhalt

Einleitung 9

Kapitel 1   **Start**   13

     1.1   Der Bauplatz 13
     1.2   Das Baumaterial 14
     1.3   Die Unterkunft 15

Kapitel 2   **Höhlen**   19

     2.1   Bau einer einfachen Höhle 19
     2.2   Vorkommen von Kohle und Erzen 24
     2.3   Höhlenarchitektur 24
     2.4   Verliese 25
     2.5   Minen 28

Kapitel 3   **Häuser**   31

     3.1   Klassische Architektur 32
             Einfaches Haus 32
             Zweistöckiges Haus 36
     3.2   Moderne Architektur 43

Kapitel 4   **Inneneinrichtung**   51

     4.1   Sitzgelegenheiten 51
             Stühle 51
             Sessel 52
             Sofa 52
             Sofakissen 53
             Barhocker 55
             Schwingstühle 55

Inhalt

		Weitere Sofavariante	56
		Thron	57
	4.2	Tische	59
	4.3	Bar	63
		Billardtisch	64
		Theke	64
		Inventar	65
	4.4	Dekoration	65
		Lampen	65
		Wandschmuck	69
		Banner	70
		Blumen	82
		Kamin	85
		Aquarium	86

Kapitel 5 — Straßen und Plätze — 89

5.1	Straßen	89
	Laternen	90
	Wegweiser	93
5.2	Plätze	96

Kapitel 6 — Brücken und Kanäle — 103

6.1	Brücken	103
	Einfache Modelle	103
	Komplexere Modelle	106
	Versenkbare Brücke	108
6.2	Kanäle	110
	Kanalbegrenzung	110
	Kanalüberquerungen	111

Kapitel 7 — Burgen und Schlösser — 113

7.1	Burgen	113
	Einfache Burg Schritt für Schritt	113
	Torhaus	116
	Türme	116

	Mini-Burg	117
	Große Burg	118
7.2	Schlösser	122
	Einfaches Schloss Schritt für Schritt	122
	Große Schlösser	132

Kapitel 8 Auf und unter dem Wasser   135

8.1	Schiffe	135
8.2	Unter Wasser	139
8.3	Leuchtturm	144

Kapitel 9 In der Luft und in den Bäumen   145

9.1	Baumhäuser	145
	Schritt für Schritt	146
	Alternative Baumhäuser	149
9.2	Bauen in der Luft	150
	Schritt für Schritt	150

Kapitel 10 Verteidigungsanlagen   157

10.1	Mauern	157
10.2	Wasserfalle	161
10.3	TNT-Fallen	163
	Schacht-Falle	163
	Baum-Falle	164
	Diamant-Falle für Höhlen	165
10.4	Kanonen	167
	Funktionsweise	167
	Kleine Kanone	170
	Mittlere Kanone	172
	Große Kanone	174

Kapitel 11 Statuen und Monumente   179

11.1	Statuen	179
	Steve	179

Inhalt

	Kniende Statue	182
	Schwein	187
	Freiheitsstatue	191
11.2	Monumente	197
	Pyramide	197
	Weitere Monumente	199

Index 201

Einleitung

Liebe Leserinnen und Leser,

seit mittlerweile fast 10 Jahren begeistert Minecraft Millionen Spielerinnen und Spieler weltweit. Es sind die Offenheit der Welt und die unendlichen Möglichkeiten, die sie bietet, die uns faszinieren. Mit einfachen Blöcken erschaffen kreative Spieler eindrucksvolle Welten, von modernen Großstädten bis zu mittelalterlichen Burgen. Und mit jeder neuen Version wird das Spiel um weitere Arten von Blöcken erweitert, die immer mehr Möglichkeiten zur Kombination bieten.

Manchmal wünscht man sich in all dieser kreativen Freiheit aber auch Inspiration. Ideen von außen, die dabei helfen, eigene neue Ideen zu entwickeln. Genau darum geht es in diesem Buch. Ziel ist es nicht, dir vorzuschreiben, wie etwas auszusehen hat oder gebaut werden muss, sondern dir neue Möglichkeiten aufzuzeigen, praktische Tipps und Tricks zu geben und dich zu inspirieren, damit du deine eigenen Ideen in Minecraft noch besser umsetzen kannst.

Um das zu erreichen, beinhaltet dieses Buch eine Mischung aus detaillierten Schritt-für-Schritt-Anleitungen, die dir den Bauprozess einzelner Grundgebäude genau beschreiben, erklären, welche Techniken und Materialen dabei verwendet werden, und Beispiele kreativer Bauwerke zeigen, die teilweise so groß und aufwendig sind, dass eine detaillierte Bauanleitung für ein einzelnes Gebäude schon ein ganzes Buch füllen könnte. Beides soll dir dabei helfen, deine eigene Kreativität zu entfalten.

Im Laufe dieses Buches werden wir uns mit den verschiedensten Bauwerken beschäftigen. Die ersten beiden Kapitel richten sich dabei vor allem an Spieler, die in der Welt von Minecraft noch nicht besonders erfahren sind.

In **Kapitel 1** geht es darum, wie du den richtigen Bauplatz für dein erstes Haus findest und die benötigten Materialen für den Bau sammelst.

In **Kapitel 2** geht es um das Finden von Rohstoffen und das Leben in Höhlen unter der Erde. Diese beiden Kapitel richten sich insbesondere auch an Spieler des Überlebens-Spielmodus, da hier sparsam mit kostbaren Ressourcen umgegangen wird.

Das ändert sich im späteren Verlauf des Buches, wenn wir riesige Bauwerke angehen, die gerne auch mal üppig mit Gold verziert werden. Solch monumentale Bauvorhaben sind dann fast nur noch im Kreativ-Spielmodus umzusetzen.

Thema von **Kapitel 3** ist der Bau von Häusern, von einfachen Steinhäusern bis hin zum Bau einer modernen Designervilla.

Einleitung

Und damit du deine Häuser auch im Inneren adäquat einrichten kannst, beschäftigt sich **Kapitel 4** ausschließlich mit dem Innenausbau deiner Bauwerke. Ob Basics wie Stühle, Teppiche, Tische und Sofas oder ausgefallenere Dinge wie Aquarien und Indoor-Gärten, hier findest du alles rund ums Thema Innenraum.

Damit es nicht nur in deinen Häusern, sondern auch davor schön wird, geht es in **Kapitel 5** um den Bau von Wegen und Straßen, die deine einzelnen Bauwerke miteinander verbinden können, und ebenso um den Bau großer Plätze, die dir dabei helfen, Außenareale schöner zu gestalten.

Und wenn du mit deinen Wegen mal an natürliche Grenzen stößt, wie zum Beispiel Flüsse oder Schluchten, dann lohnt sich ein Blick in **Kapitel 6**, denn dort erfährst du alles rund um das Thema Brücken- und Kanalbau.

Wenn dir, als erfolgreicher Baumeister, deine Designervilla nicht mehr reicht, dann kommt **Kapitel 7** gerade recht, denn dort geht es um den Bau etwas größerer Behausungen. Hier werden Burgen und Schlösser gebaut, die einen mehr als angemessenen Wohnsitz bieten.

Dass Bauvorhaben in Minecraft nicht auf den Boden und den Bereich darunter beschränkt sind, wirst du spätestens in **Kapitel 8** merken. Hier begeben wir uns zunächst auf das Wasser und bauen Schiffe. Im Anschluss daran bauen wir sogar auch noch unter Wasser und erstellen dort abgelegene Rückzugsorte, wie sie sich auch ein Filmbösewicht nur wünschen kann.

Danach gehen wird dann in **Kapitel 9** buchstäblich in die Luft. Zunächst noch mit Verbindung zum Boden, in Form von Baumhäusern, später dann aber auch mit echten Luftschlössern, die ohne jede Verbindung über der Welt schweben.

Unter Wasser und in der Luft bist du in der Regel gut geschützt, an Land aber ist die Welt von Minecraft, wie du sicher weißt, durchaus nicht ungefährlich. Ob andere Mitspieler im Multiplayermodus oder gefährliche Monster in der Nacht, die Gefahr lauert überall. Wie du dich mit Fallen und Kanonen gegen diese Gefahren schützen kannst, lernst du in **Kapitel 10**.

Zum Abschluss wird es dann in **Kapitel 11** noch einmal friedlicher, aber dafür umso beeindruckender. Im letzten Kapitel werfen wir einen Blick auf monumentale Bauwerke, die den Betrachter schon aus der Ferne einschüchtern können. Neben selbst entworfenen Bauwerken versuchen wir uns hier auch am Nachbau des ein oder anderen real existierenden Gebäudes.

Mit einem Bau-Thema werden wir uns im Rahmen dieses Buches allerdings nicht näher beschäftigen und das ist der Bau von Redstone-Schaltungen, denn das ist ein eigenes Thema für sich. Falls du mehr zu diesem Thema erfahren willst, solltest du dir den ebenfalls im mitp-Verlag erschienenen Redstone-Guide ansehen. Dort werden auf über 200 Seiten alle Feinheiten und Tricks beim Bau von Redstone-Schaltungen ausführlich erläutert.

Falls du Fragen, Anregungen, Lob oder Kritik zum Buch hast oder mir deine eigenen Bauwerke zeigen möchtest, kannst du mich gerne jederzeit über meine Website *www.daniel-braun.com* oder per E-Mail an *info@daniel-braun.com* kontaktieren. Oder du schaust auf meiner Facebook-Seite unter *www.facebook.com/AutorDanielBraun* vorbei.

Zum Schluss möchte ich mich noch bei Karl-Heinz Barzen bedanken, der mit vielen hilfreichen Tipps und Hinweisen zur Entstehung dieses Buches beigetragen hat.

Nun wünsche ich dir aber vor allem viel Spaß beim Lesen, Bauen und Entdecken!

Daniel Braun

Kapitel 1

Start

Ein Gebäude in Minecraft zu bauen, kann je nach Größe eine ganz schön aufwendige Sache sein und mehrere Stunden in Anspruch nehmen. Und wenn das Gebäude erst einmal steht, dann lässt es sich von dort auch nicht ohne Weiteres wegbewegen, das haben Immobilien typischerweise so an sich. Bevor du gleich anfängst, drauflozubauen, solltest du dir daher erst einmal Gedanken machen, wo genau du dein Gebäude errichten willst.

Wenn du schon ein erfahrener Minecraft-Baumeister bist, dann ist das für dich wahrscheinlich nichts Neues und du kannst dieses Kapitel überspringen. Für Experten wird es ab dem dritten Kapitel spannender, wenn es mit dem Bauen so richtig losgeht.

1.1 Der Bauplatz

Die gefährlichste Zeit in der Welt von Minecraft ist die Nacht. Denn die meisten Monster, die dir nach dem Leben trachten, können nur in der Dunkelheit überleben und verbrennen, sobald sie von den ersten Sonnenstrahlen getroffen werden. Bei deinem ersten Gebäude sollte daher, genau wie bei der Suche nach dem Platz für dieses Gebäude, im Vordergrund stehen, dass es dich vor genau diesen Gefahren schützt. Folgende Faktoren solltest du bei der Wahl eines Standorts unbedingt beachten:

- Baue immer in der Nähe von Wasser. Für die Produktion von Nahrungsmitteln ist Wasser besonders wichtig, egal ob zum Anbauen von Weizen oder zum Angeln. Du solltest daher immer in der Nähe eines Sees oder Flusses siedeln.
- Achte darauf, dass ausreichend Bäume in der näheren Umgebung vorhanden sind. Holz ist einer der wichtigsten Rohstoffe in Minecraft, egal ob Werkzeuge oder Kisten zur Aufbewahrung von Dingen, viele wichtige Gegenstände werden aus Holz hergestellt.
- Am besten siedelt es sich an der Grenze zwischen zwei oder mehr Biomen, so werden die unterschiedlichen Landschaftstypen wie Wüste, Wald oder Gebirge in Minecraft genannt. Denn von dort aus hat man meist schnellen Zugriff auf besonders viele verschiedene Ressourcen.
- Sorge dafür, dass dein Bauplatz ausreichend Platz bietet, wenn du dein Gebäude später vielleicht erweitern willst. Einen gesamten Berg abtragen zu müssen, nur um dein Haus erweitern zu können, wird dir nicht viel Freude bereiten.

Ein Beispiel für einen gut geeigneten Bauplatz kannst du in Abbildung 1.1 finden.

1 Start

Abbildung 1.1: Geeigneter Bauplatz

In der Mitte am unteren Rand der Abbildung befindet sich ein relativ ebenes Plateau, das genug Platz auch für größere Bauvorhaben bietet. Die Stelle ist sowohl von Wasser als auch von Bäumen umgeben und grenzt links an ein gebirgiges Biom. Das wird später nützlich sein, wenn du dich auf die Suche nach Erzen begibst.

Zu viel Zeit solltest du für die Suche nach einem geeigneten Bauplatz allerdings auch nicht aufwenden, schließlich gilt es noch einiges zu erledigen an deinem ersten Tag, und bis zur Nacht soll die erste Unterkunft stehen. Ein Tag in Minecraft dauert genau 20 Minuten. Vom Startzeitpunkt bis zum Sonnenuntergang bleiben dir am ersten Tag nur zehn Minuten, es ist also Eile geboten.

1.2 Das Baumaterial

Zunächst steht die Versorgung mit Rohstoffen an, die zum Bau der ersten Unterkunft nötig sind. Tabelle 1.1 zeigt die »Einkaufsliste« mit den benötigten Rohstoffen und der benötigten Menge.

Rohstoff	Menge
Holz	6
Kohle	1
Erde	95

Tabelle 1.1: Liste der Rohstoffe, die zu Spielbeginn benötigt werden

Während du Bäume, und damit das Holz, recht einfach findest, kann es bei Kohle schon etwas schwieriger werden. Außerdem benötigst du zum Abbau von Kohle zusätzliches Werkzeug. Daher solltest du zunächst die sechs Blöcke Holz sammeln. Aus denen kannst du dann eine Werkbank bauen, mit deren Hilfe du wiederum eine Holzspitzhacke und zwei Holzschaufeln bauen kannst, die dir beim Sammeln der restlichen Rohstoffe helfen.

Mit der Holzspitzhacke kannst du dich dann auf die Suche nach Kohle machen, die ist in der Regel schwerer zu finden als Holz. Die beste Chance, überirdisch Kohle zu finden, hast du an den Hängen von Bergen. Weitere Tipps zum Finden und Abbau von Kohle findest du auch im nächsten Kapitel.

Auch wenn zu Beginn ein Stück Kohle für den Bau von Fackeln ausreichend ist, kann es nicht schaden, etwas mehr abzubauen, wenn du erst einmal auf eine Kohle-Ader gestoßen bist. Du solltest dabei darauf achten, dass Kohle nur mit einer Spitzhacke abgebaut werden kann und nicht ohne Werkzeug.

Mit der so gewonnenen Kohle kannst du nun in Verbindung mit Stöcken, die du aus deinem Holz herstellen kannst, Fackeln craften, die später dein Haus erleuchten und Monster in der Nacht fernhalten.

Nun fehlt für einen sicheren Unterschlupf nur noch ein Baumaterial für Wände und Decken. Die einfachste und schnellste, wenn auch nicht schönste Möglichkeit hierfür ist die Verwendung von Erde. Zunächst solltest du also 95 Blöcke Erde mit deiner Schaufel sammeln. Falls du dich schon gefragt hast, wozu du zwei Schaufeln benötigst, obwohl doch ohnehin immer nur eine genutzt werden kann: Schaufeln besitzen wie alle Werkzeuge in Minecraft eine begrenzte Haltbarkeit. Eine Schaufel aus Holz kann zum Abbau von genau 60 Blöcken benutzt werden, bevor sie kaputtgeht. Im Verlauf des Spiels wirst du immer hochwertigere Materialien finden, mit denen du immer haltbareres Werkzeug bauen kannst: So hält eine Schaufel aus Eisen schon 251 Blöcke aus und Schaufeln aus Diamant sogar 1562. Für den Beginn sollten zwei Holzschaufeln aber völlig ausreichend sein.

1.3 Die Unterkunft

Ausgerüstet mit den gesammelten 95 Blöcken Erde kann der Bau einer ersten Unterkunft beginnen. Fürs Erste ist ein kleiner Unterschlupf aus Erde mit Abmessungen von 7 x 7 Blöcken ausreichend. Abbildung 1.2 zeigt den Grundriss des Hauses. Die Freistelle an der Vorderseite solltest du nicht vergessen, da die Tür hier später ihren Platz findet.

Ist der Grundriss erst einmal fertig, musst du nur noch zwei weitere Reihen Erde und ein Dach darauf setzen. Den fertigen Bau siehst du in Abbildung 1.3, nicht unbedingt ein echtes Schmuckstück, aber für die erste Nacht durchaus funktional und ausreichend.

1 Start

Abbildung 1.2: Grundriss eines einfachen 7x7-Hauses

Abbildung 1.3: Fertiges 7x7-Erdhaus

Im Inneren solltest du neben der Werkbank auch noch zwei Fackeln postieren. Sie sorgen für Licht im Haus, auch bei Nacht. Im Gegensatz zu Werkzeug haben Fackeln übrigens keine begrenzte Haltbarkeit.

Um in der Nacht wirklich sicher zu sein, fehlt nun nur noch eine Tür. Mit dem verbliebenen Holz und einer Werkbank lässt sich eine Tür schnell produzieren. Die Tür musst du nur noch an der richtigen Stelle positionieren. Die beiden übrigen Fackeln solltest du noch außen am Haus neben der Tür platzieren, das sieht nicht nur gut aus, sondern hilft dir auch, die eigene Behausung wiederzufinden, solltest du nachts einen Spaziergang unternehmen. Abbildung 1.4 zeigt das fertige Gebäude.

1.3 Die Unterkunft

Abbildung 1.4: Fertiges Gebäude

Damit hast du dir einen sicheren Platz geschaffen, in dem du die erste Nacht problemlos, unbehelligt von Monstern, überleben kannst. Wenn du beim Bau schnell vorangekommen bist und die Sonne noch nicht untergeht, könntest du dir sogar noch ein klein wenig Luxus für die erste eigene Behausung gönnen, ein Bett wie in Abbildung 1.5. Ohne Bett musst du die Nacht in deinem Haus ausharren und darauf warten, dass die Sonne wieder aufgeht, bevor du ohne Gefahr vor die Tür gehen kannst. Mit Bett kannst du dich dagegen bequem in dein Bett legen, sobald die Sonne untergegangen ist, und wachst sofort wieder im Hellen auf.

Abbildung 1.5: Innenraum mit Bett

Kapitel 2

Höhlen

Wenn du Minecraft im Überlebensmodus spielst, dann sind gerade am Anfang Baumaterialien und Zeit knapp. Zum einen brauchst du Schutz vor der gefährlichen Außenwelt, die voll von tödlichen Monstern ist, zum anderen willst du Rohstoffe suchen. um deine Baupläne umzusetzen. Fast alle der wichtigsten Baumaterialien, mit Ausnahme von Holz und Sand, findest du unter der Erde. Daher macht es gerade zu Beginn einer neuen Partie Sinn, auch dort, unter der Erde, zu leben. So bist du nah an den Rohstoffen, die du suchst, und gleichzeitig geschützt vor den Angreifern, die sich auf der Oberfläche herumtreiben.

2.1   Bau einer einfachen Höhle

Eine der wichtigsten Entscheidungen beim Bau einer Höhle musst du gleich zu Anfang treffen, nämlich die, an welcher Stelle du die Höhle bauen willst. Theoretisch kannst du natürlich an jeder Stelle der Karte einfach nach unten graben und deine Höhle so beginnen. In der Praxis macht das aber wenig Sinn. Sobald du drei oder vier Blöcke tief in die Erde gegraben hast, wird dir nämlich auffallen, dass das Licht immer spärlicher wird und du, zumindest am Anfang des Spiels, noch keine Möglichkeit hast, Licht ins Dunkel deiner Höhle zu bringen.

Deshalb solltest du zu Beginn an der Oberfläche nach einer sichtbaren Kohleschicht Ausschau halten, wie du sie in Abbildung 2.1 siehst. Sie bietet den perfekten Startpunkt für einen Höhlenbau und liefert dir gleich die Kohle, die du zum Craften von Fackeln benötigst.

An dieser Stelle kannst du dich dann Schritt für Schritt in den Boden hinabgraben. Eine Treppe, bestehend aus vielen einzelnen Treppen-Blöcken wie in Abbildung 2.2 ist zwar etwas aufwendiger, bietet dir dafür später aber einen bequemeren Auf- und Abstieg in deine Höhle als eine viele Blöcke lange Leiter. Außerdem erforschst du so bereits mehr von der Unterwelt und stößt eventuell schon, wie ebenfalls in Abbildung 2.2 zu sehen, auf weitere Kohleschichten oder sogar andere Materialien.

2 Höhlen

Abbildung 2.1: Oberirdische Kohleschicht

Abbildung 2.2: Treppenabstieg

Hast du deine Wunschtiefe erreicht, so kannst du damit anfangen, einen Raum in das Gestein zu schlagen. Dieser sollte am besten mindestens drei Blöcke hoch sein wie in Abbildung 2.3. Außerdem solltest du nicht vergessen, den Raum reichlich mit Fackeln auszuleuchten, damit dort keine bösen Überraschungen in Form von Monstern auf dich lauern.

2.1 Bau einer einfachen Höhle

Abbildung 2.3: Unterirdischer Raum

Das Wichtigste beim Bau von Höhlen ist das richtige Werkzeug. Einen einfachen Steinblock mit der Hand abzubauen, dauert 7,5 Sekunden. Außerdem wird der Block dabei nicht als Bruchstein in dein Inventar gelegt, sondern einfach zerstört. Du solltest beim Höhlenbau daher mindestens eine Holzspitzhacke einsetzen. Mit der benötigst du auch nur noch 1,13 Sekunden zum Abbau eines Steinblocks. Noch schneller geht es mit einer Steinspitzhacke, mit der du nur noch 0,56 Sekunden benötigst. Später im Spiel, wenn du so edles Werkzeug wie eine Goldspitzhacke hast, kannst du Steinblöcke sogar in 0,19 Sekunden abbauen.

In Tabelle 2.1 erkennst du, wie lange du mit verschiedenen Spitzhacken brauchst, um einige der am häufigsten vorkommenden Gesteine abzubauen. Ein X in der Tabelle bedeutet, dass das Gestein mit der entsprechenden Spitzhacke nicht abgebaut werden kann. Es kann zwar trotzdem, wenn auch sehr langsam, zerstört werden, landet im Anschluss aber nicht als Rohstoff in deinem Inventar.

Material	Holz	Stein	Eisen	Diamant	Gold
Andesit	1,13 s	0,56 s	0,38 s	0,28 s	0,19 s
Bruchstein	1,5 s	0,75 s	0,5 s	0,38 s	0,25 s
Diamanterz	X	X	0,75 s	0,56 s	X
Diorit	1,13 s	0,56 s	0,38 s	0,28 s	0,19 s
Eisenerz	X	1,13 s	0,75 s	0,56 s	X

Tabelle 2.1: Abbaugeschwindigkeit für verschiedene Materialien mit einer Spitzhacke

2 Höhlen

Material	Holz	Stein	Eisen	Diamant	Gold
Golderz	2,25 s	1,13 s	0,75 s	0,56 s	0,38 s
Granit	1,13 s	0,56 s	0,38 s	0,28 s	0,19 s
Lapislazulierz	X	1,13 s	0,75 s	0,56 s	X
Redstone-Erz	X	X	0,75 s	0,56 s	X
Sandstein	0,6 s	0,3 s	0,2 s	0,15 s	0,1 s
Smaragderz	X	X	0,75 s	0,56 s	X
Stein	1,13 s	0,56 s	0,38 s	0,28 s	0,19 s
Steinkohle	2,25 s	1,13 s	0,75 s	0,56 s	0,38 s

Tabelle 2.1: Abbaugeschwindigkeit für verschiedene Materialien mit einer Spitzhacke (Forts.)

Neben dem richtigen Werkzeug solltest du auch immer darauf achten, welche Art von Gestein du gerade vor dir hast. In Abbildung 2.4 siehst du zum Beispiel eine Schicht Kies, die zwischen dem grauen Stein gar nicht so einfach zu erkennen ist. Kies hat wie Sand die unangenehme Eigenschaft, dass er nach unten fällt, sobald du den Block unter ihm entfernst. Hier solltest du also ganz besonders vorsichtig sein, um nicht von Kiesblöcken erschlagen zu werden.

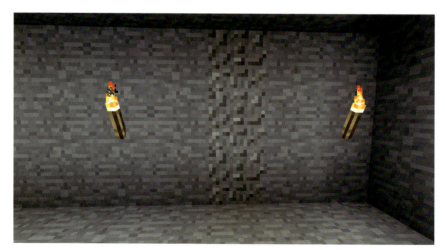

Abbildung 2.4: Kiesschicht zwischen Steinen

Hast du trotz dieser Fallstricke einen unterirdischen Raum fertiggestellt, solltest du ihn zunächst einmal mit dem Nötigsten einrichten. Zur Grundausstattung gehört in der Regel, wie du in Abbildung 2.5 siehst, ein Bett, eine Werkbank, ein Ofen und eine Truhe.

2.1 Bau einer einfachen Höhle

Abbildung 2.5: Grundausstattung für den unterirdischen Raum

Das Besondere am Bauen von Höhlen ist, dass du dafür kein Baumaterial benötigst, sondern sogar zusätzliches Material sammelst, während du die Treppen und Räume aus dem Berg schlägst. Auf diese Art kannst du nicht nur einfache quadratische Räume entstehen lassen, sondern auch komplexere Konstruktionen, wie zum Beispiel einen abgetrennten kleineren Raum innerhalb eines größeren Raums wie in Abbildung 2.6.

Abbildung 2.6: Aus dem Berg gehauener Raum innerhalb einer größeren Höhle

2.2 Vorkommen von Kohle und Erzen

Mit der Zeit wirst du deine Höhle auf der Suche nach neuen Erzadern oder anderen Rohstoffen Schritt für Schritt erweitern. Und jedes Mal wirst du dir die Frage stellen, in welche Richtung du deine Höhle erweitern solltest. Möchtest du tiefer graben oder lieber in die Breite? Das hängt auch davon ab, welche Rohstoffe du suchst.

Natürlich ist es ein Stück weit ein Glücksspiel, gerade seltene Rohstoffe zu finden, denn sie werden zufällig über die Karte verteilt. Nichtsdestotrotz gibt es gerade bei der Tiefe einige Regeln, die dir helfen, erfolgreicher zu graben. So findest du Redstone-Erz zum Beispiel nur in den untersten 16 Gesteinsschichten, Kohle dagegen in allen 128, am häufigsten jedoch in den Schichten 5 bis 42, jeweils vom unteren Ende der Karte aus gezählt.

Block	Vorkommen	Häufigstes Vorkommen
Kohle	0–128	5–42
Eisenerz	0–64	5–40
Golderz	0–32	5–28
Smaragderz	4–32	4–32
Diamanterz	0–16	5–12
Lapislazulierz	0–32	10–20
Redstone-Erz	0–16	5–12

Tabelle 2.2: Vorkommen von Kohle und Erzen

2.3 Höhlenarchitektur

In den meisten Fällen sind Höhlen eher zweckmäßige Bauten, die hauptsächlich einen praktischen Nutzen haben und nicht unbedingt errichtet werden, um gut auszusehen. Dass das aber nicht zwangsläufig so sein muss, zeigen die Beispiele in Abbildung 2.7 und Abbildung 2.8.

In Abbildung 2.7 siehst du einen prachtvollen Höhleneingang, der in einen nicht weniger aufwendig gestalteten Höhlenstollen führt, wie du in Abbildung 2.8 erkennst. In beiden Fällen ist Stein das Hauptbaumaterial, allerdings nicht der natürlich vorkommende glatte Stein, sondern extra angebrachte Steinziegel. Es ist zwar deutlich mehr Arbeit, Höhlen in dieser Bauweise zu errichten, das Ergebnis kann sich dafür aber sehen lassen.

Abbildung 2.7: Höhleneingang

Abbildung 2.8: Höhlenstollen

2.4 Verliese

Höhlen kannst du in Minecraft nicht nur selbst bauen, du kannst sie auch einfach in der Welt finden, zum Beispiel in Form von Verliesen und verlassenen Minen. Diese sind zufällig über die Karte verteilt und du findest sie deshalb nur schwer und mit einer ausreichenden Portion Glück. Dafür gibt es in ihnen dann aber umso wertvollere Schätze zu entdecken. Du solltest dich allerdings in Acht nehmen, denn in beiden lauert auch Gefahr.

Verliese, häufig auch Dungeons genannt, sind unterirdische Räume, die 5 x 5, 5 x 7 oder 7 x 7 Blöcke groß sind. Die Wände eines Verlieses bestehen stets aus Bruchstein, der

Boden aus bemoostem und normalem Bruchstein. In der Mitte steht immer ein sogenannter Monsterspawner.

Abbildung 2.9: Verlies mit Zombie

Ein Monsterspawner ist ein kleiner Käfig, wie du in Abbildung 2.9 siehst, aus dem stetig neue Monster der gleichen Art entstehen. Es gibt Monsterspawner für Zombies wie in Abbildung 2.9, für Skelette wie in Abbildung 2.10 und für Spinnen wie in Abbildung 2.11. Um einen Monsterspawner zu deaktivieren, kannst du ihn entweder zerstören, eine Fackel darauf oder vier Fackeln um ihn herum platzieren.

Abbildung 2.10: Verlies mit Skelett

Daneben befinden sich in den meisten Verliesen ein oder zwei Truhen, in seltenen Fällen kann es aber auch vorkommen, dass es sogar drei oder aber auch gar keine Truhen in einem Verlies gibt. In jeder der Truhen kannst du bis zu acht verschiedene Gegenstände finden. Tabelle 2.3 führt die Gegenstände auf, die du in einer Verlies-Truhe finden kannst, sortiert nach der Wahrscheinlichkeit des Auftretens.

Gegenstand	Wahrscheinlichkeit für das Auftreten
Brot	80%
Weizen	80%
Sattel	80%
Eisenbarren	80%
Schwarzpulver	80%
Eimer	80%
Faden	80%
Kakaobohnen	80%
Verzaubertes Buch	53%
Namensschild	20%
Pferderüstung	15%
Redstone	10%
Schallplatten	8%
Goldener Apfel	0,8%

Tabelle 2.3: Wahrscheinlichkeit für das Auftreten verschiedener Gegenstände in Verlies-Truhen

Abbildung 2.11: Verlies mit Spinnen

2.5 Minen

Auch verlassene Minen sind wie Verliese zufällig generierte unterirdische Bauwerke, sie sind allerdings deutlich größer als Verliese und können sich über mehrere Ebenen Hunderte Blöcke weit erstrecken. Aufgrund ihrer Größe findest du sie meist einfacher als Verliese.

Abbildung 2.12: Stollen einer verlassenen Mine

Die verlassenen Minen bestehen hauptsächlich aus Stollen wie in Abbildung 2.12. In manchen Stollen sind am Boden wie in Abbildung 2.13 Schienen verlegt. Diese solltest du auf jeden Fall einsammeln, da sie viel Eisen enthalten.

Tipp
Besonders einfach kannst du Schienen mit einem Wassereimer einsammeln. Sobald sich das Wasser über die Schienen ergießt, gehen diese kaputt und du kannst sie ganz einfach einsammeln.

In manchen Stollen findest du Truhen oder Güterloren. Tabelle 2.4 listet auf, welche Gegenstände du dort finden kannst und wie wahrscheinlich es ist, sie dort zu finden.

2.5 Minen

Abbildung 2.13: Stollen mit Schienen und einer Güterlore

Gegenstand	Wahrscheinlichkeit für das Auftreten
Brot	18,75%
Melonenkerne	12,5%
Kürbiskerne	12,5%
Eisenbarren	12,5%
Kohle	12,5%
Redstone	6,25%
Goldbarren	6,25%
Lapislazuli	6,25%
Diamant	3,75%
Sattel	3,75%
Schienen	1,25%
Spitzhacke	1,25%
Verzaubertes Buch	1,25%
Pferderüstung	1,25%

Tabelle 2.4: Wahrscheinlichkeit für das Auftreten verschiedener Gegenstände in Minen-Truhen

Neben Truhen und Güterloren kannst du in manchen Stollen auch Monsterspawner für Höhlenspinnen finden. Diese sind meist wie in Abbildung 2.14 umgeben von dichten Spinnweben, die du am effektivsten mit einer Schere entfernst.

Abbildung 2.14: Höhlenspinnen-Monsterspawner

Kapitel 3

Häuser

Damit du nicht auf Dauer ein Höhlenmensch bleiben musst, werden wir uns in diesem Kapitel mit dem Bau von Häusern beschäftigen. Ein Haus verbindet die praktischen Aspekte einer Höhle, einen sicheren Ort zum Schlafen, Platz zum Verstauen von Gegenständen und so weiter, mit den Schauwerten einer überirdischen Behausung. Zumindest wenn du das möchtest, denn wie du bereits aus dem ersten Kapitel weißt und noch einmal in Abbildung 3.1 siehst, kann so ein Haus auch ziemlich schlicht ausfallen. Eine Grundfläche von 7 x 7 Blöcken, Wände aus Erde und eine Tür, das ist theoretisch alles, was du für ein Haus brauchst.

Abbildung 3.1: Einfaches Erdhaus

So hast du genug Platz, um im Inneren des Hauses wie in Abbildung 3.2 ein Bett aufzustellen, eine Werkbank, Fackeln für die Ausleuchtung und bei Bedarf auch noch eine Truhe zum Verstauen von Gegenständen.

Das ist allerdings nicht die Art von Behausung, mit der wir uns in diesem Kapitel beschäftigen wollen. Die soll nämlich, neben dem praktischen Nutzen, auch durch ihre Optik überzeugen.

3 Häuser

Abbildung 3.2: Erdhaus von innen

3.1 Klassische Architektur

Einfaches Haus

Den Anfang macht die ganz klassische Bauweise: viereckige Grundfläche, ein großer Raum, Tür, Fenster und Dach, fertig ist das kleine Eigenheim. Als Material kommen Holz in Form von Baumstämmen und Steinziegeln zum Einsatz. Den Grundriss für das Haus kannst du in Abbildung 3.3 sehen.

Abbildung 3.3: Grundriss für ein klassisches Haus

3.1 Klassische Architektur

Die Front des Hauses fällt wie in Abbildung 3.4 zweckmäßig aus. An den Seiten begrenzen zwei Pfosten auf Baumstämmen die Wand, in der Mitte befindet sich eine Doppeltür, ansonsten besteht die Front aus Steinziegeln.

Abbildung 3.4: Hausfront

Damit es im Haus später nicht zu dunkel wird, werden an den beiden Seitenwänden jeweils zwei Fenster eingelassen, die das Innere mit Licht versorgen. Auch die hinteren beiden Ecken werden jeweils durch Baumstämme hervorgehoben.

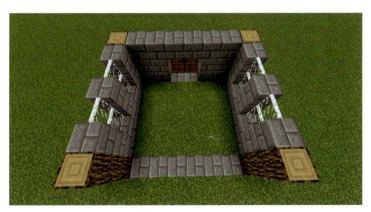

Abbildung 3.5: Seitenwände

Somit fehlt nur noch die Rückwand. Die ähnelt, wie du in Abbildung 3.6 erkennst, den Seitenwänden, auch hier gibt es zwei Fenster, lediglich der Abstand zwischen den beiden Fenstern ist einen Block größer, da die Seite insgesamt einen Block länger ist als die anderen beiden Seiten.

3 Häuser

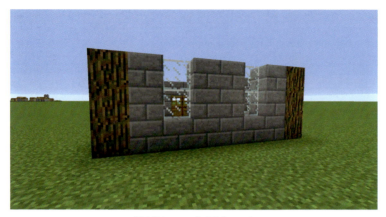

Abbildung 3.6: Rückwand

Was nun noch fehlt, um das Haus zu einem sicheren Schlafplatz zu machen, ist das Dach. Die einfachste Möglichkeit wäre, wie schon in Abbildung 3.1, ein Flachdach auf das Haus zu bauen, das ist schnell installiert und bietet Schutz in der Nacht. Zwei aufwendigere Alternativen findest du in Abbildung 3.7. Links ein sogenanntes Zeltdach, das rund um das Haus herumgeht und sich zur Mitte hin zuspitzt, und rechts das klassische Satteldach.

Abbildung 3.7: Zeltdach (links), Flachdach (Mitte), Satteldach (rechts)

Da sich für eine klassische Architektur auch ein klassisches Dach anbietet, soll das Haus mit einem Satteldach gekrönt werden. Der Grundstein dafür wurde in Abbildung 3.8 mit den beiden ersten Reihen aus Treppen schon gelegt.

3.1 Klassische Architektur

Abbildung 3.8: Rand eines Satteldaches

Danach musst du einfach zur Mitte hin jeweils einen Block höher eine Reihe Treppen nach der anderen platzieren, bis sich beide in der Mitte des Daches treffen. Beim Material hast du dabei natürlich wieder alle Freiheiten, in Abbildung 3.9 wurde dafür ein helles Holz verwendet.

> **Tipp**
>
> Zum Bau von Dächern ist es meist nötig, sich in großer Höhe nahe von Kanten zu bewegen, von denen man leicht hinunterfallen kann. Drückst du die Schleichen-Taste ([Shift]), kannst du dich Kanten beliebig nähern, ohne Gefahr zu laufen, hinunterzufallen.

Abbildung 3.9: Fertiges Satteldach

3 Häuser

Nun musst du das Dach auf der Vorder- und Rückseite jeweils noch mit dem Haus verbinden und somit schließen. Wenn du möchtest, kannst du dort wie in Abbildung 3.10 noch ein Fenster einbauen, das für zusätzliches Licht im Innenraum sorgt und das Gebäude von außen etwas auflockert.

Abbildung 3.10: Fertiges Haus nach klassischer Bauweise

Zum Abschluss kannst du, wenn du möchtest, dein neues Haus noch mit einem Zaun umranden oder wie in Abbildung 3.11 mit einer Hecke, die aus Laubblöcken besteht.

Abbildung 3.11: Hecke aus Laub zur Umrandung des Hauses

Zweistöckiges Haus

Wenn dir diese klassische Behausung noch nicht groß genug ist, dann solltest du einen Blick auf den Grundriss in Abbildung 3.12 werfen. Schon auf den ersten Blick wird deutlich, dass hier ein größeres Gebäude entsteht. Aber dieses Haus wird nicht nur einfach größer, es hat auch zahlreiche Besonderheiten, die es von seinem kleinen Verwandten unterscheidet, wie du bald sehen wirst.

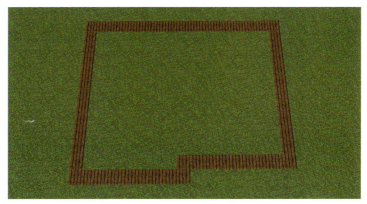

Abbildung 3.12: Grundriss für ein größeres Haus mit klassischer Architektur

Schon die Bodenplatte des Hauses, die du in Abbildung 3.13 siehst, zeigt einige Besonderheiten. Der Fußboden des Hauses schließt nicht wie beim vorherigen Modell eben mit der Umgebung ab, sondern ist um einen Block erhöht. Das dunklere Holz zeigt, wo später einmal Wände stehen werden. Das Haus besteht also aus mehreren Räumen. Im Viereck vorne links wird später eine Veranda entstehen.

Abbildung 3.13: Bodenplatte des Hauses

Deren Dimensionen erkennst du schon gut in Abbildung 3.14, in der die Hausfront im Erdgeschoss bereits fertiggestellt wurde. Die Vorderseite wird von einem großen Fenster rechts dominiert. Die Veranda wird mit einem Zaun begrenzt, der nur an zwei Treppen unterbrochen wird, die später als Zugang zum Haus dienen.

Abbildung 3.14: Hausfront im Erdgeschoss

Die Rückwand des Hauses sowie die Seitenwand auf der rechten Seite verfügen, wie du in Abbildung 3.15 siehst, ebenfalls über große Fenster, die später für einen lichtdurchfluteten Innenraum sorgen werden.

Abbildung 3.15: Rück- und Seitenwand

Zur Fertigstellung des Erdgeschosses fehlt nun nur noch die linke Seitenwand, die den späteren Eingangsraum umschließt. Hier wird wie in Abbildung 3.16 ebenfalls ein Fenster platziert, das aber deutlich kleiner ausfällt als an der gegenüberliegenden Seite.

3.1 Klassische Architektur

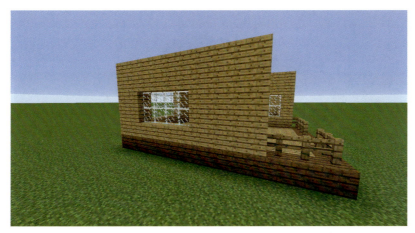

Abbildung 3.16: Seitenwand mit kleinem Fenster

Nachdem das Erdgeschoss fertiggestellt ist, kann es mit dem ersten Stock weitergehen. Das fertige Haus wird später nur auf der rechten Seite mehrgeschossig sein. In Abbildung 3.17 siehst du den Giebel des Hauses, der wie schon der Raum im Erdgeschoss ebenfalls über ein großes Fenster verfügt.

Abbildung 3.17: Giebel des Hauses

Auf der Rückseite des Hauses ist die Giebelkonstruktion wie auch in Abbildung 3.18 identisch zur Vorderseite. Zusätzlich wird die Seitenwand noch geschlossen und ebenfalls mit einem kleineren Fenster versehen.

Abbildung 3.18: Giebel auf der Rückseite

Im nächsten Schritt folgt die Dachkonstruktion, die bei diesem Haus aufgrund der verschiedenen Höhen der einzelnen Gebäudeteile etwas aufwendiger ist. Die unterste Reihe des Daches umschließt das Gebäude noch einheitlich, wie du in Abbildung 3.19 erkennst. Als Material kommen Treppen aus demselben dunklen Holz zum Einsatz, das im Grundriss die späteren Wände markiert hat.

Abbildung 3.19: Umrandung der Dachkonstruktion

Auf das flachere, linke Gebäudeteil kommt ein Zeltdach wie in Abbildung 3.20. Allerdings steigt das Zeltdach nur von drei Seiten an und auch nicht komplett bis zur Mitte, nach drei Stufen wird die restliche Dachfläche flach geschlossen.

3.1 Klassische Architektur

Abbildung 3.20: Zeltdach auf dem linken Gebäudeteil

Der rechte, höhere Gebäudeteil wird wie in Abbildung 3.21 mit einem Satteldach abgedeckt, das aber ebenfalls nicht bis ganz nach oben zuläuft, sondern vorher flach abgeschlossen wird.

Abbildung 3.21: Satteldach auf dem rechten Gebäudeteil

Ein besonderes Detail bietet das Dach auf beiden Seiten am Ende des Dachfirsts, als Abschluss sind hier nicht einfach viereckige Blöcke verbaut, sondern, wie du in Abbildung 3.23 siehst, umgedrehte Treppen, die dem Dach ein besonderes optisches Detail verleihen.

3 Häuser

Abbildung 3.22: Detailansicht Dachfirst

Damit ist auch das zweite Haus, zumindest von außen, bereits fertig. Auch hier kannst du natürlich wieder Dekoration anbringen. In Abbildung 3.23 wird das Haus zum Beispiel von Hecken, die ebenfalls wieder aus Laub bestehen, eingefasst. Außerdem wurden an der Veranda noch mit Zäunen weitere Details angebracht.

Abbildung 3.23: Fertiges Haus mit Dekoration

Im Inneren des Hauses fehlt noch die Trennwand, die den flachen Gebäudeteil auf der linken Seite vom großen Raum auf der rechten Seite abtrennt. Damit es im Inneren nicht zu dunkel wird, solltest du diese Wand wie in Abbildung 3.24 mit Glasblöcken auflockern und lichtdurchlässig machen.

Abbildung 3.24: Trennwand im Inneren mit Glasblöcken

Auf der rechten Gebäudeseite kannst du entscheiden, ob du den großen Raum wie in Abbildung 3.25 bis zur Decke hinauf offen lassen oder ob du eine Zwischendecke zwischen beiden Fenstern einziehen möchtest, um so ein zusätzliches Stockwerk und damit auch zusätzlichen Platz zu schaffen.

Abbildung 3.25: Großer Raum von innen

3.2 Moderne Architektur

Neben der klassischen Architektur, die du nun kennengelernt hast, kannst du in Minecraft mit etwas Fantasie und den richtigen Materialien auch moderne Gebäude umsetzen. Ganz wie in der echten Welt kommt dabei üblicherweise viel Glas zum Einsatz, aber vor allem auch Quarz. Dessen glatte, weiße Oberfläche sorgt für einen modernen Look.

Beim Gebäude, das wir nun in Angriff nehmen wollen, werden wir neben Glas und Quarz noch Holz einsetzen. Das erkennst du schon im Grundriss des Gebäudes, den du in Abbildung 3.26 siehst.

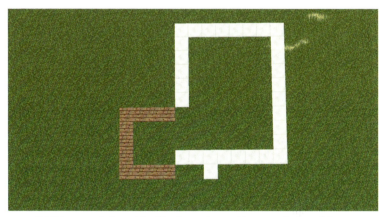

Abbildung 3.26: Grundriss für ein modernes Haus aus Holz und Quarz

Die Holzkonstruktion auf der linken unteren Seite wird dem fertigen Haus später als Treppenhaus dienen. Im ersten Schritt bauen wir daher zunächst auch, wie in Abbildung 3.27 gezeigt, das Erdgeschoss eben dieses Treppenhauses. Neben Holz benutzen wir dabei schwarze Glasscheiben, die später das moderne Aussehen des Hauses unterstreichen.

Abbildung 3.27: Erdgeschoss des Treppenhauses

3.2 Moderne Architektur

Im zweiten Schritt in Abbildung 3.28 folgt dann die Front des Hauses. Diese besteht aus glatten Quarzblöcken sowie einer zweiteiligen Tür und zwei Fenstern. Die Fenster bestehen jeweils aus türkisen Glasscheiben. Sie verleihen der Fassade im Vergleich zu ungefärbten Glasscheiben noch mal einen moderneren Look.

Abbildung 3.28: Front des Hauses

Natürlich musst du auch die anderen Seiten des Hauses noch ausgestalten. Die Rückseite ist, wie du in Abbildung 3.29 siehst, ähnlich aufgebaut wie die Front, bestehend aus zwei Fenstern und einer Doppeltür, lediglich die Anordnung ist etwas anders als an der Frontseite. Die von hinten rechte Seite besteht ebenfalls aus glattem Quarz mit zwei eingebauten Fenstern.

Abbildung 3.29: Rückseite des Hauses

Die gegenüberliegende Seite ist etwas anders aufgebaut, wie du in Abbildung 3.30 sehen kannst. Sie besteht im Wesentlichen aus einem großen, durchgängigen Panoramafenster, das später nicht nur für einen schönen Ausblick, sondern auch für ausreichend Licht im Haus sorgt.

Abbildung 3.30: Panoramafenster

Damit ist das Erdgeschoss deines neuen Hauses auch schon fertig, zumindest von außen. Wie bereits zuvor werden wir die Inneneinrichtung an dieser Stelle noch außen vorlassen, um die kümmern wir uns ausführlich im nächsten Kapitel.

Nachdem du die Decke mit glatten Quarzsteinen geschlossen hast, wollen wir uns nun wieder der Vorderseite des Hauses zuwenden. Vielleicht hast du dich schon gefragt, wozu hier der einzelne hervorstehende Stein im Grundriss gedient hat. Der ist kein Versehen, sondern der Grundstein für eine moderne Balkonkonstruktion, deren weiteren Aufbau du in Abbildung 3.31 sehen kannst.

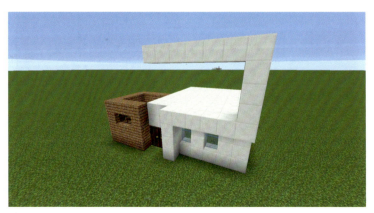

Abbildung 3.31: Balkonkonstruktion

3.2 Moderne Architektur

Um die Balkonkonstruktion mit dem Rest des Hauses zu verbinden, kannst du das Treppenhaus um ein Stockwerk erweitern, das genau wie das Erdgeschoss aufgebaut ist. Zum Abschluss kommt darauf noch wie in Abbildung 3.32 ein Dach, das ebenfalls aus Holz besteht.

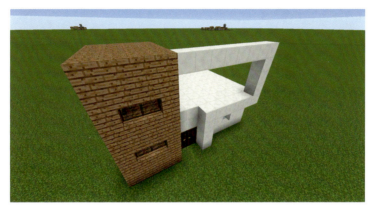

Abbildung 3.32: Fertiges Treppenhaus

Komplett fertig findest du die Front in Abbildung 3.33. Um den Balkon ist eine Brüstung aus türkisen Glasscheiben entstanden, die dich vor Stürzen in die Tiefe schützt. Als Zugang zum Balkon dient eine Tür, die von Holz umrahmt ist, die restliche Fassade besteht aus Quarz sowie einem bodentiefen Fenster.

Abbildung 3.33: Fertige Hausfront

Zur Fertigstellung der Rückseite und der von hinten gesehen rechten Seite replizieren wir einfach die Bauweise des Erdgeschosses, wobei die Fenster hier auch bis zum Boden reichen und daher einen Block höher sind. Außerdem wird auf der Rückseite die Tür im ersten Stock durch ein weiteres Fenster ersetzt.

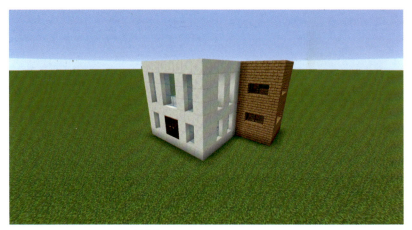

Abbildung 3.34: Fertige Rückseite

Für die verbliebene Seite gibt es wieder eine kleine Besonderheit, denn im ersten Stock fällt das Panoramafenster nicht nur zwei Blöcke breiter aus, es steht auch. wie Abbildung 3.35 zeigt, ein Stück hervor, was ebenfalls für eine moderne Optik sorgt.

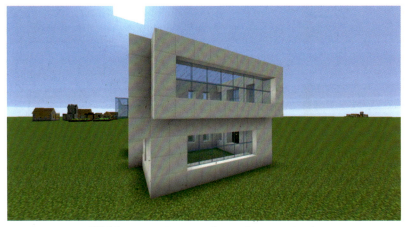

Abbildung 3.35: Panoramafenster im ersten Stock

Im Grunde genommen ist das Haus nun, wie Abbildung 3.36 zeigt, fertig. Zur echten, modernen Luxusvilla fehlt aber noch ein wichtiger Bestandteil.

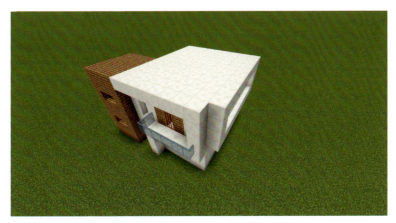

Abbildung 3.36: Fertiges Haus

Welcher das ist, kannst du vielleicht schon in Abbildung 3.37 erahnen, es fehlt natürlich noch ein Pool. Damit der Platz hat, sind die Fenster im Erdgeschoss extra einen Block höher angebracht, sodass du jetzt problemlos die Umrandung für den Pool an das Haus anschließen kannst. An den freien Seiten sind zum leichten Einstieg außerdem Quarzstufen angebracht.

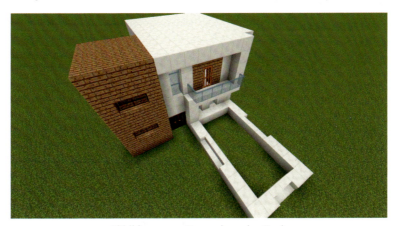

Abbildung 3.37: Umrandung des Pools

Nun musst du den Pool natürlich noch mit einem Wassereimer füllen. Außerdem kannst du wie in Abbildung 3.38 noch weitere Verzierungen an der Vorderseite deines Hauses anbringen. Zum Beispiel eine Hecke, die aus Tropenbaumlaub besteht, oder »Steine« als Weg zur Haustüre, die eigentlich aus weißen Teppichen bestehen.

3 Häuser

Abbildung 3.38: Front des Hauses mit Pool und zusätzlicher Verzierung

Damit die Rückseite deines Hauses der Vorderseite in nichts nachsteht, könntest du auch hier noch Verbesserungen vornehmen. In Abbildung 3.39 siehst du zum Beispiel eine Terrasse, die an der Rückseite des Hauses angebracht wurde. Die Terrasse selbst besteht aus Quarzstufen, die über vier Treppenblöcke, die um die Hintertür herum platziert wurden, erreicht werden kann. Eingerahmt wird die Terrasse von einer Hecke aus Tropenbaumlaub, auch die Teppiche wurden als Dekorationselement von der Vorderseite wieder aufgegriffen.

Abbildung 3.39: Rückseite des Hauses mit Terrasse

Kapitel 4

Inneneinrichtung

Egal ob du dein Lager in einem großen Haus oder in einer kleinen Höhle aufschlägst, richtig gemütlich wird es erst mit der passenden Inneneinrichtung. Einige wenige Gegenstände zur Verschönerung von Innenräumen, wie zum Beispiel Gemälde oder Blumentöpfe, bringt Minecraft schon mit, in den meisten Fällen ist aber deine Fantasie gefragt. In diesem Kapitel findest du einige Anregungen, wie du kahle Räume mit Leben füllen kannst.

4.1 Sitzgelegenheiten

Ein Bett gehört alleine schon aus praktischen Gründen natürlich in jede Minecraft-Behausung. Sitzgelegenheiten wie Stühle oder Sofas findest du dagegen selten in Minecraft, was sicher auch daran liegt, dass sie keinen praktischen Nutzen im Spiel haben, denn Spielfiguren können nur stehen, hocken oder eben im Bett liegen, aber nicht sitzen.

Stühle

Trotzdem können schon die einfachsten Sitzgelegenheiten deinen Häusern oder Höhlen eine wohnliche Atmosphäre verpassen. Das einfachste Modell eines Stuhls findest du in Abbildung 4.1. Eine Treppe ist alles, was du für dieses einfache Modell benötigst.

Da es insgesamt über 14 verschiedene Treppenelemente gibt, kannst du auch zwischen verschiedenen Farben wählen: Weiß mithilfe einer Quarztreppe, eine Purpurtreppe oder eine von sechs verschiedenen Holzfarben, wie zum Beispiel das orange Akazienholz, das du in Abbildung 4.1 siehst.

4 Inneneinrichtung

Abbildung 4.1: Zwei einfache Stühle, bestehend aus jeweils einer Treppe

Sessel

Falls dir das noch nicht bequem genug aussieht, kannst du mit ganz simplen Mitteln aus deinem Stuhl einen bequemen Sessel machen. Dazu befestigst du einfach wie in Abbildung 4.2 an jeder Seite der Treppe ein Schild. Schon ist der Sessel mit Armlehnen fertig.

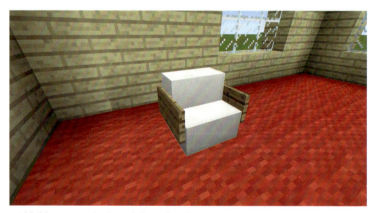

Abbildung 4.2: Ein Sessel, bestehend aus einer Treppe und zwei Schildern

Sofa

Nun fehlt eigentlich nur noch ein Möbelstück, auf das wir uns alle nach einem langen, anstrengenden Tag freuen, ein bequemes Sofa. Für einen einfachen Dreisitzer benötigst du, wie du Abbildung 4.3 entnehmen kannst, nur sieben Blöcke und drei Stufen.

4.1 Sitzgelegenheiten

Abbildung 4.3: Ein Sofa, bestehend aus sieben Blöcken und drei Stufen

Und auch hierfür kannst du natürlich wieder auf alle Farben zurückgreifen, die dir Minecraft anbietet. Du könntest auch die Sitzfläche in einer anderen Farbe gestalten, ein größeres Sofa bauen oder sogar eine ganze Sofalandschaft, die um die Ecke geht. Wenn du dein Sofa dann noch wie in Abbildung 4.3 mit einem Teppich kombinierst oder sogar wie in Abbildung 4.4 mit Sesseln, entsteht schnell ein gemütliches Wohnzimmer.

Abbildung 4.4: Sitzgruppe, bestehend aus einem Sofa und zwei Sesseln mit einem Teppich

Sofakissen

Mit einer etwas anderen Bauweise kannst du dein Sofa auch noch mit Kissen verschönern, indem du dir einen kleinen Fehler im Spiel zunutze machst. Dazu brauchst du, wie du in Abbildung 4.5 siehst, zwei Banner und eine Fackel. Die Banner stellst du leicht schräg zueinander gedreht auf, die Fackel dazwischen. Die Farbe und das Muster des

4 Inneneinrichtung

Banners bestimmt auch die spätere Farbe deiner Sofakissen. Mehr zum Thema Banner, und wie du diese einfärbst, erfährst du im Abschnitt »Banner« (ab Seite 70).

Abbildung 4.5: Basis für Sofakissen

Jetzt musst du nur noch über das Loch, in dem die Banner stehen, jeweils eine Treppe platzieren. Die Banner schauen dann, wie du in Abbildung 4.6 siehst, nur noch mit der Spitze heraus und ergeben so den Eindruck eines Kissens. Links und rechts kannst du dein Sofa jeweils noch wie schon beim Sessel mit einem Schild als Armlehne abrunden. Wenn du die Fackel zwischen den Bannern weglässt, fehlt denen übrigens das Licht und sie erscheinen dunkel, auch wenn von oben eigentlich genug Licht auf sie fällt.

Abbildung 4.6: Sofa mit Sofakissen

Barhocker

Weniger ins Wohnzimmer, dafür aber in die Küche oder in eine Bar passen die Barhocker, die du in Abbildung 4.7 siehst. Sie bestehen aus einem Stück Zaun und einer darauf platzierten Wäge- oder Druckplatte. Diese sind deutlich flacher als Stufen und sorgen damit dafür, dass die Hocker die richtige Höhe im Vergleich zur Theke haben, die aus einem einfachen Holzblock mit einer Stufe darauf besteht.

Abbildung 4.7: Barhocker, bestehend aus einem Stück Zaun und einer Wägeplatte

Schwingstühle

Mit einem Trick kannst du auch noch ausgefallenere Sitzmöbel in Minecraft konstruieren. Das Geheimnis ist dabei ein Boden, der nicht aus ganzen Blöcken, sondern aus Stufen besteht, die nur halb so hoch sind wie ein normaler Block. Damit lassen sich zum Beispiel elegant geschwungene Stühle wie in Abbildung 4.8 erstellen.

Auf der linken Seite siehst du den Aufbau des Stuhls, der aus zwei übereinander platzierten Treppenelementen besteht. Mit einer Höhe von zwei Blöcken wäre die Konstruktion für einen Stuhl aber zu hoch. Durch das Hinzufügen eines Bodens aus Stufen, wie auf der rechten Seite gezeigt, verschwindet aber ein Teil des Stuhls im Boden und die Proportionen passen deutlich besser, ohne dass dabei der elegante Schwung verloren geht.

4 Inneneinrichtung

Abbildung 4.8: Geschwungene Stühle

Weitere Sofavariante

Mit demselben Trick kannst du auch eine dritte Art von Sofas entwerfen. Die Grundlage bilden diesmal vier Blöcke für die Sitzfläche, vier Blöcke für die Rückenlehne und jeweils zwei Treppen auf jeder Seite als Rahmen, wie in Abbildung 4.9 gezeigt.

Abbildung 4.9: Sofa auf einem Boden aus Stufen

Auch hier wird die eigentlich zu hoch aussehende Sitzfläche des Sofas mithilfe des halbhohen Bodens auf passende Größe »geschrumpft«. Mit zwei Stufen auf jeder Seite als Armlehne wie in Abbildung 4.10 ist auch dieses Sofa ein Hingucker für jedes Wohnzimmer.

Abbildung 4.10: Fertiges Sofa mit Armlehnen

Thron

Zum Abschluss des Themas Sitzgelegenheiten wollen wir uns noch dem König der Stühle annehmen und einen echten Thron bauen. Auch hierfür machen wir uns wieder einen halbhohen Boden zunutze und verwenden, wie in Abbildung 4.11 gezeigt, eine stilechte rote Polsterung.

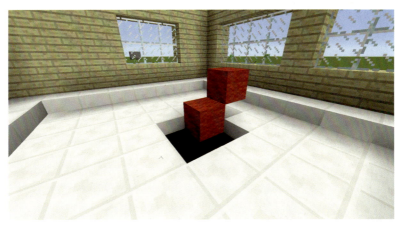

Abbildung 4.11: Polsterung für den Thron

Wie schon zuvor beim Sofa wird auch der Thron von Treppen auf beiden Seiten eingerahmt, wie dir Abbildung 4.12 zeigt.

4 Inneneinrichtung

Abbildung 4.12: Rahmen aus Treppenelementen für den Thron

Und auch den nächsten Schritt kennst du schon vom Aufbau des Sofas, denn auch ein Thron braucht Armlehnen. Diese realisierst du wieder, wie in Abbildung 4.13 gezeigt, mithilfe von Stufen, die du auf die Treppenelemente am Rand platzierst. Nun erkennst du schon, dass hier eine königliche Sitzgelegenheit entsteht.

Abbildung 4.13: Armlehnen für den Thron

Zur Fertigstellung fehlt aber noch die restliche Verzierung des Throns. Diese besteht aus einer Stufe, die oben auf der Rückenlehne angebracht wird, und zwei Treppen, die jeweils an den Seiten der Rückenlehne angebracht werden, wie auch in Abbildung 4.14 zu sehen.

4.2 Tische

Abbildung 4.14: Seitliche Verzierungen des Throns

Den fertigen Thron in der Frontalansicht findest du in Abbildung 4.15. Jetzt musst du nur noch Platz nehmen.

Abbildung 4.15: Fertiger Thron

4.2 Tische

Wo Stühle, Sessel und Sofas sind, da sind meist auch Tische nicht weit, zumindest in der realen Welt. In Minecraft dagegen fehlen Tische wie auch die Sitzgelegenheiten komplett. Also ist auch hier wieder deine Kreativität gefragt. In Abbildung 4.7 hast du bereits gesehen, wie du eine Theke baust. In diesem Abschnitt wirst du noch zahlreiche weitere Möglichkeiten kennenlernen, die verschiedensten Arten von Tischen zu bauen.

4 Inneneinrichtung

Abbildung 4.16: Einfacher Couchtisch

Einen besonders einfach zu bauenden Vertreter dieser Gattung kannst du in Abbildung 4.16 sehen: ein einfacher Couchtisch, der lediglich aus drei nebeneinander platzierten Stufen besteht. In Kombination mit einem Sofa und vielleicht noch Sesseln verleiht er trotzdem jedem Raum ein wohnliches Ambiente.

Für Sessel oder normale Stühle ist ein solcher Couchtisch zu flach, hier bedarf es eines anderen Modells. Wenn du dir den Tisch in Abbildung 4.17 anschaust, der aus einem Stück Zaun und einer Platte besteht, dann erinnert dieser dich womöglich an die Barhocker aus dem vorherigen Abschnitt, denn diese waren baugleich.

Abbildung 4.17: Kleiner Tisch mit Sesseln

Alleine durch den anderen Kontext, also die Tatsache, dass jetzt Sessel statt einer Theke um den Tisch herum stehen, kann sich so die Wahrnehmung eines Gegenstandes komplett ändern.

4.2 Tische

Zum Bauen größerer Tische sind Wäge- und Druckplatten allerdings nicht geeignet, denn wenn du sie nebeneinander platzierst, bleiben immer Lücken dazwischen und ein Tisch mit Lücken ist nicht besonders praktisch. Die Zaunteile lassen sich dagegen auch für größere Tische gut verwenden. In Abbildung 4.18 findest du zum Beispiel das Gestell für einen Esstisch für sechs Personen, bestehend aus sechs Zaunteilen.

Abbildung 4.18: Tischfüße

Auf dieses Gestell musst du dann nur noch wie in Abbildung 4.19 eine Platte aus Stufen bauen und schon ist der Esstisch fertig. Im Vergleich zum Tisch in Abbildung 4.17 fällt dir sicher auf, dass dieser Tisch etwas weniger elegant aussieht, was daran liegt, dass Stufen deutlich dicker sind als die zuvor verwendeten Platten.

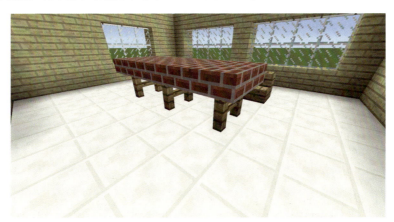

Abbildung 4.19: Großer Esstisch

Wenn du aber das Beste aus beiden Konstruktionen vereinst, kannst du einen Tisch wie in Abbildung 4.20 erhalten. Als Platte kommen dort statt Stufen Teppiche zum Einsatz, die du ohne Lücke nebeneinander platzieren solltest. Im Gegensatz zu Stufen lassen sich die Teppiche aber nicht in der Luft verlegen, daher musst du auch das Gestell anpassen und die Zwischenräume ebenfalls mit Zaunelementen füllen.

Abbildung 4.20: Großer Tisch mit flacher Platte

Wenn du es jedoch lieber etwas massiver magst, dann ist der Steintisch in Abbildung 4.21 vielleicht eher etwas für dich. Hier bestehen die beiden Kopfseiten jeweils aus poliertem Andesit und dazwischen befinden sich Steinstufen. In der Mitte des Tisches findet sich als besonderer Blickfang ein Einsatz aus schwarzem Glas.

Abbildung 4.21: Steintisch mit Glaseinsatz

Die Tische, die du bisher kennengelernt hast, eignen sich hauptsächlich für den Einsatz in einem Wohn- oder Esszimmer. Natürlich gibt es noch viele weitere verschiedene Arten von Tischen für die unterschiedlichsten Räume. Ein Nachttisch neben deinem Bett zum Beispiel oder sogar ein Billardtisch, für den du in Abschnitt 4.3 eine Bauanleitung findest.

Eine weitere Sonderform des Tisches findet sich in der Küche, die du in Abbildung 4.22 siehst. Im Vordergrund steht dort eine Kochinsel, bestehend aus Eisenblöcken und einer »Granit«-Arbeitsplatte, die mit einem schwarzen Teppich simuliert wird. Im Hintergrund, an der Wand, siehst du ebenfalls Eisenblöcke als Küchenzeile eingesetzt, diesmal mit Schneidbrettern aus Holz, die aus Druckplatten bestehen.

Abbildung 4.22: Küche mit Kochinsel

Auch neben den Arbeitsflächen findest du in Abbildung 4.22 einige Anregungen, wie du dir eine eigene Küche einrichten kannst. Zum Beispiel den Kühlschrank auf der linken Seite, bestehend aus zwei Eisenblöcken und einem Steinknopf, oder die Dunstabzugshaube im Hintergrund, bestehend aus einer Steinstufe über einem Ofen.

4.3 Bar

Mit Tischen und Stühlen hast du schon die wichtigsten Grundlagen zusammen, um lebendig wirkende Räume zu gestalten. In diesem Abschnitt wollen wir daher beides kombinieren, um zusammen mit einigen zusätzlichen Dekorationsgegenständen einen

4 Inneneinrichtung

ganz besonderen Raum zu bauen, nämliche eine Bar. Und wie schick so eine Minecraft-Bar aussehen kann, erkennst du in Abbildung 4.23.

Abbildung 4.23: Frontansicht der Bar

Billardtisch

Als Erstes springt dir dort wahrscheinlich der Billardtisch ins Auge. Dieser besteht aus sechs grünen Wollblöcken, die mit Falltüren umrandet sind. Einfache Materialien, die aber eine große Wirkung entfalten. An der Decke sorgen Redstone-Lampen für die richtige Atmosphäre. In der vorderen linken Ecke findest du einen Blumentopf, den wir uns im nächsten Abschnitt noch genauer ansehen werden, ebenso wie die Schallplatte, die als Dekoration an der Wand hängt.

Theke

Im Hintergrund steht natürlich das wichtigste Element einer jeden Bar, die Theke. Die Theke selbst besteht aus unverarbeitetem Holz. An der Decke befinden sich Bücherregale, die mit einem Zaun mit der Thekenfläche verbunden sind. Einen detaillierten Blick auf die Theke hast du in Abbildung 4.24.

4.4 Dekoration

Abbildung 4.24: Thekenansicht Bar

Inventar

Hier werden weitere Details deutlich, wie der Hebel, der als Zapfhahn dient, oder der Blumenschmuck. Von der Decke hängt außerdem ein Braustand, der einem typischen Flaschenhalter zum Verwechseln ähnlich sieht. Für etwas Saloon-Atmosphäre sorgt außerdem die Schwingtür an der linken Seite der Bar, die mit einem Zauntor realisiert werden kann. Außerdem erkennst du aus dieser Perspektive auch gut die Tische und Stühle an der Wand, die für echte Bar-Atmosphäre sorgen. Wie du diese zusammenbaust, weißt du ja bereits aus den vorherigen Abschnitten.

4.4 Dekoration

Das Beispiel der Küche und der Bar verdeutlicht, dass es oft gerade die kleinen Dinge sind, die die Funktion einzelner Objekte verdeutlichen, wie zum Beispiel der Steinknopf am Kühlschrank, oder ganze Räume zum Leben erwecken und »erkennbar« machen. Mit diesen kleinen, aber wichtigen Details wollen wir uns in diesem Abschnitt beschäftigen.

Lampen

Den Anfang macht dabei die richtige Beleuchtung. Die wichtigste Eigenschaft einer Lampe ist zunächst einmal, dass sie Licht ausstrahlt. In Minecraft gibt es viele Blöcke und Gegenstände, die das tun. Die wichtigsten darunter findest du in Abbildung 4.25.

4 Inneneinrichtung

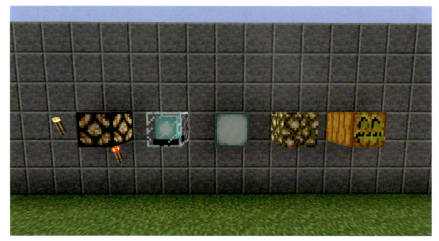

Abbildung 4.25: Leuchtmittel in Minecraft

Ganz links siehst du dort sozusagen den Klassiker, die Fackel. Daneben folgt die Redstone-Lampe, die einzige Lichtquelle in dieser Sammlung, die nicht von alleine strahlt, sondern zusätzlich noch ein Redstone-Signal benötigt. Direkt daneben befinden sich das Leuchtfeuer und die Seelaterne. An vierter Stelle findest du Glowstone und ganz zum Schluss schließlich die Kürbislaterne, die aus einer Fackel und einem Kürbis gebaut wird.

Neben diesen fünf gibt es noch zahlreiche weitere Lichtquellen, die meisten davon sind aber kaum von Bedeutung. Die Redstone-Fackel, die du in Abbildung 4.25 unter der Redstone-Lampe sehen kannst, strahlt zum Beispiel auch Helligkeit aus, ja sogar Pilze. Allerdings in so geringen Mengen, dass es kaum der Rede wert ist. Wenn du also davon träumst, dein ganzes Haus mit Pilzen zu beleuchten, wird das leider nicht funktionieren.

In Minecraft gibt es insgesamt 16 Helligkeitsstufen, die von 0 bis 15 nummeriert sind, wobei die Stufe 15 volle Helligkeit bedeutet, also zum Beispiel das Sonnenlicht am Tag, und 0 komplette Finsternis. Ab einer Helligkeit von 8 oder mehr spawnen keine Monster mehr. Du solltest also immer darauf achten, in deinem Haus mindestens diese Helligkeitsstufe zu erreichen, um nicht in der Nacht von einer bösen Überraschung zum Beispiel in Form eines Creepers geweckt zu werden. Ein Pilz erzeugt gerade mal die Helligkeitsstufe 1, die Kürbislaterne dagegen zum Beispiel die volle Helligkeit von 15.

Mit jedem Block, den du dich von einer Lichtquelle entfernst, nimmt deren Helligkeitslevel um eins ab. Um dein Haus komplett frei von Monstern zu halten, musst du also zum Beispiel alle 14 Blöcke einer Kürbislaterne platzieren. In Tabelle 4.1 findest du eine Übersicht, welcher Gegenstand wie viel Licht ausstrahlt.

4.4 Dekoration

Gegenstand oder Block	Helligkeit
Feuer	15
Kürbislaterne	15
Lava	15
Leuchtfeuer	15
Seelaterne	15
Glowstone	15
Redstone-Lampe	15
Fackel	14
Endstab	14
Ofen (brennend)	13
Netherportal	11
Redstone-Fackel	7
Mondlicht	4
Redstone-Kabel	1–4 (je nach Signalstärke)
Pilz	1

Tabelle 4.1: Helligkeit verschiedener Gegenstände und Blöcke

Neben den Leuchtmitteln aus Abbildung 4.25 findest du dort auch einige exotischere Möglichkeiten zur Lichterzeugung. Neben allem, was brennt, also insbesondere Lava, Feuer und brennende Öfen, erzeugt nämlich auch Redstone Licht, aber wie du in der Tabelle sehen kannst, nur in einem sehr geringen Maß, das nicht ausreicht, um eine ganze Wohnung auszuleuchten.

Die unterschiedlichen Leuchtmittel können auf die verschiedensten Arten eingesetzt werden. In Abbildung 4.26 siehst du zum Beispiel verschiedene Einsatzmöglichkeiten von Redstone-Lampen. Die Schwierigkeit beim Einsatz von Redstone-Lampen im Vergleich zu anderen Leuchtmitteln ist die Tatsache, dass diese ein aktives Redstone-Signal benötigen, um zu leuchten. Deshalb ist die Lampe ganz links in Abbildung 4.26 auch nur Dekoration und strahlt kein Licht aus.

Die beiden anderen Lampen sind dagegen auf dem Dach mit einem Redstone-Signal verbunden und leuchten deshalb auch. Wie genau diese Verbindung aussieht, siehst du in Abbildung 4.27. Der Vorteil von Redstone-Lampen gegenüber anderen Leuchtmitteln ist dafür, dass sie sich auch über Knöpfe und Hebel bedienen lassen und somit ein- und ausgeschaltet werden können, während die anderen Leuchtmittel durchgehend Licht erzeugen.

4 Inneneinrichtung

Abbildung 4.26: Redstone-Lampen

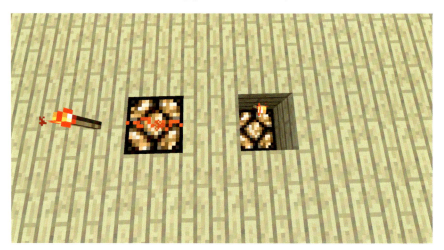

Abbildung 4.27: Anschluss der Redstone-Lampen auf dem Dach

Natürlich kannst du Lampen aber nicht nur an der Decke anbringen, sondern auch an Wänden oder auf dem Boden. Abbildung 4.28 zeigt eine weitere Möglichkeit: Hier wurde mithilfe von zwei Zaunstücken und einer Seelaterne eine Stehlampe gebaut, die den Raum erleuchtet.

4.4 Dekoration

Abbildung 4.28: Stehlampe mit Seelaterne

Wandschmuck

Neben Lampen gibt es noch weitere Möglichkeiten, kargen Wänden Leben einzuhauchen. Gemälde sind naheliegend. Während die erste veröffentlichte Version von Minecraft noch mit 19 verschiedenen Gemälden auskommen musste, gibt es inzwischen 26 verschiedene Motive. Eine kleine Auswahl an Motiven findest du in Abbildung 4.29.

Abbildung 4.29: Verschiedene Gemälde

Wie du dort erkennen kannst, unterscheiden sich die verschiedenen Gemälde nicht nur im Motiv, sondern auch in der Größe. Die kleinsten Gemälde sind genau einen Block

4 Inneneinrichtung

groß, die größten messen 4 x 4 Blöcke, belegen also insgesamt 16 Blöcke. Platzierst du ein Gemälde an einer Wand, so wird zufällig ein Motiv ausgewählt, mit der maximal möglichen Größe für diese Stelle.

> **Hinweis**
>
> Wusstest du, dass viele der Gemälde in Minecraft berühmte Vorbilder haben? Das zweite Bild von rechts in der unteren Reihe in Abbildung 4.29 basiert zum Beispiel auf dem berühmten Gemälde »Der Wanderer über dem Nebelmeer« von Caspar David Friedrich. Das Motiv links daneben zeigt eine Büste des römischen Kaisers Marc Aurel. Andere Motive beruhen auf Spieleklassikern wie Donkey Kong, Grim Fandango oder Counter-Strike.

Solltest du einmal, trotz der großen Auswahl, kein passendes Motiv für einen Raum finden, kannst du mit einem Rahmen deine eigenen Motive erstellen. Ein leerer Rahmen an der Wand, wie du ihn in Abbildung 4.30 in der linken oberen Ecke findest, sieht ziemlich langweilig aus. Das Besondere an Rahmen ist aber, dass du mit einem Rechtsklick darauf jeden beliebigen Gegenstand darin platzieren kannst. An zweiter Position in Abbildung 4.30 siehst du zum Beispiel eine Schalplatte in einem Rahmen, daneben ein Diamantschwert und daneben sogar einen Rahmen in einem Rahmen. Auf diese Art kannst du mit den verschiedensten Gegenständen deinen Räumen noch eine ganz besondere Note geben.

Abbildung 4.30: Rahmen

Banner

Eine weitere Möglichkeit, Wände zu dekorieren, bieten Banner. Da diese aber nicht nur an der Wand, sondern auch im Stehen, angebracht werden können, wie du in Abbildung 4.31 siehst, und eine Vielzahl verschiedener Gestaltungsmöglichkeiten bieten, haben sie einen eigenen Abschnitt verdient.

4.4 Dekoration

Abbildung 4.31: Hängender Banner (links) und stehender Banner (rechts)

Bei den in Abbildung 4.31 gezeigten Varianten handelt es sich lediglich um die einfachste Form eines Banners, wie du sie durch das Rezept in Abbildung 4.32 schaffen kannst. Wie du im Folgenden sehen wirst, hast du aber auch die Möglichkeit, Banner in den verschiedensten Farben und mit den unterschiedlichsten Motiven herzustellen.

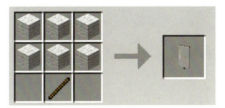

Abbildung 4.32: Banner-Rezept

Farben

Um ein Banner in einer anderen Farbe zu erstellen, musst du im Rezept einfach die weißen Wollblöcke durch Wollblöcke in einer beliebigen anderen Farbe ersetzen. Dabei müssen aber alle sechs Blöcke dieselbe Farbe haben. Du kannst also nicht zum Beispiel rote und schwarze Blöcke nehmen, um eine gestreifte Fahne zu produzieren. Wie das funktioniert, liest du im nächsten Abschnitt.

Um aus weißer Wolle farbige zu erzeugen, gibt es zwei verschiedene Möglichkeiten:

- Aus weißer Wolle und einem beliebigen Farbstoff, in Abbildung 4.33 zum Beispiel roter Farbstoff, lässt sich gefärbte Wolle erzeugen.

4 Inneneinrichtung

- Nimmst du einen beliebigen Farbstoff in die Hand und klickst mit der rechten Maustaste auf ein Schaf mit weißem Fell, so wird das Fell des Schafes in die entsprechende Farbe umgewandelt.

Die erste Möglichkeit ist in der Regel einfacher und schneller, dafür benötigst du allerdings deutlicher mehr Farbstoff. Für jeden Wollblock, den du einfärben möchtest, benötigst du auch einen Farbstoff. Färbst du dagegen ein ganzes Schaf ein, so kannst du bis zu drei gefärbte Blöcke auf einmal erhalten. Außerdem wächst das Fell des Schafes auch immer wieder in derselben Farbe nach, sodass du, mit etwas Geduld, eine dauerhafte Versorgung mit bunter Wolle hast.

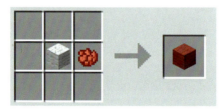

Abbildung 4.33: Einfärben eines Wollblocks

Motive

Da es in Minecraft insgesamt 16 verschiedene Farbstoffe gibt, kannst du auf diese Weise immerhin schon 16 verschiedene Banner erzeugen. Zusätzlich kannst du Banner aber auch noch mit verschiedenen Motiven versehen, von denen es insgesamt 38 gibt. Die verschiedenen Motive und ihre Rezepte findest du in Tabelle 4.2.

Name	Zutaten	Rezept
Andreaskreuz	Farbstoff (5), Banner (1)	
Balken	Farbstoff (3), Banner (1)	

Tabelle 4.2: Banner-Motive

4.4 Dekoration

Name	Zutaten	Rezept
Bannerfuß	Farbstoff (3), Banner (1)	
Bannerfuß gepickelt	Farbstoff (3), Banner (1)	
Bannerhaupt	Farbstoff (3), Banner (1)	
Bannerhaupt gepickelt	Farbstoff (3), Banner (1)	
Blume (bunt)	Margerite (1), Farbstoff (1), Banner (1)	
Blume (schwarz)	Margerite (1), Banner (1)	
Bord	Farbstoff (8), Banner (1)	

Tabelle 4.2: Banner-Motive (Forts.)

4 Inneneinrichtung

Name	Zutaten	Rezept
Creeper (bunt)	Creeperkopf (1), Farbstoff (1), Banner (1)	
Creeper (schwarz)	Creeperkopf (1), Banner (1)	
Farbverlauf	Farbstoff (4), Banner (1)	
Farbverlauf (invertiert)	Farbstoff (4), Banner (1)	
Gespalten links	Farbstoff (6), Banner (1)	
Gespalten rechts	Farbstoff (6), Banner (1)	
Halbe Spitze	Farbstoff (3), Banner (1)	

Tabelle 4.2: Banner-Motive (Forts.)

4.4 Dekoration

Name	Zutaten	Rezept
Halbe Spitze (gestürzt)	Farbstoff (3), Banner (1)	
Kreuz	Farbstoff (5), Banner (1)	
Kugel	Farbstoff (1), Banner (1)	
Linke Flanke	Farbstoff (3), Banner (1)	
Mauer (bunt)	Ziegelsteine (1), Farbstoff (1), Banner (1)	
Mauer (schwarz)	Ziegelsteine (1), Banner (1)	
Mojang-Logo (bunt)	Goldener Apfel (1), Farbstoff (1), Banner (1)	

Tabelle 4.2: Banner-Motive (Forts.)

4 Inneneinrichtung

Name	Zutaten	Rezept
Mojang-Logo (schwarz)	Goldener Apfel (1), Banner (1)	
Oben geteilt	Farbstoff (6), Banner (1)	
Pfahl	Farbstoff (3), Banner (1)	
Raute	Farbstoff (4), Banner (1)	
Rechte Flanke	Farbstoff (3), Banner (1)	
Schädel (bunt)	Witherskelettschädel (1), Farbstoff (1), Banner (1)	
Schädel (schwarz)	Witherskelettschädel (1), Banner (1)	

Tabelle 4.2: Banner-Motive (Forts.)

4.4 Dekoration

Name	Zutaten	Rezept
Schrägbalken	Farbstoff (3), Banner (1)	
Schräglinks geteilt	Farbstoff (3), Banner (1)	
Schräglinks geteilt (invertiert)	Farbstoff (3), Banner (1)	
Schräglinksbalken	Farbstoff (3), Banner (1)	
Schrägrechts geteilt	Farbstoff (3), Banner (1)	
Schrägrechts geteilt (invertiert)	Farbstoff (3), Banner (1)	
Spickelbord (bunt)	Ranken (1), Farbstoff (1), Banner (1)	

Tabelle 4.2: Banner-Motive (Forts.)

4 Inneneinrichtung

Name	Zutaten	Rezept
Spickelbord (schwarz)	Ranken (1), Banner (1)	
Unten geteilt	Farbstoff (6), Banner (1)	
Vier Pfähle	Farbstoff (4), Banner (1)	
Viereck (oben links)	Farbstoff (1), Banner (1)	
Viereck (oben rechts)	Farbstoff (1), Banner (1)	
Viereck (unten links)	Farbstoff (1), Banner (1)	
Viereck (unten rechts)	Farbstoff (1), Banner (1)	

Tabelle 4.2: Banner-Motive (Forts.)

4.4 Dekoration

Es gibt also Banner in 16 verschiedenen Farben, auf die du 38 verschiedene Grundmotive jeweils wieder in 16 verschiedenen Farben anbringen kannst. Somit ergeben sich bereits fast 10.000 mögliche Kombinationen, und das sind noch lange nicht alle Möglichkeiten.

Flaggen

Ein Banner kann nämlich nicht nur ein Motiv enthalten, sondern eine Kombination aus bis zu sechs verschiedenen Motiven, sodass sich insgesamt über unglaubliche 800 Billiarden verschiedene Kombinationen ergeben. Da es natürlich unmöglich ist, alle Kombinationen hier vorzustellen, soll es in diesem Abschnitt um eine ganz besondere Art von Motiv-Kombinationen gehen, nämlich solche, die die Landesflaggen verschiedener Länder darstellen, wie in Abbildung 4.34 zu sehen.

Abbildung 4.34: Verschiedene Flaggen-Banner
(Deutschland, Österreich, Schweiz, Vereinigtes Königreich, USA)

Viele Flaggen bestehen wie die deutsche Flagge aus drei verschiedenfarbigen Längsstreifen, so zum Beispiel die Flaggen von den Niederlanden, Luxemburg, Ungarn und Russland. Sie alle lassen sich durch die Kombination von zwei Motiven herstellen, wie Abbildung 4.35 beispielhaft für die Deutschlandflagge zeigt.

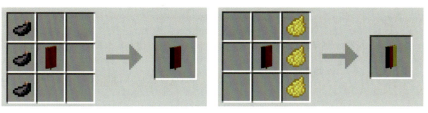

Abbildung 4.35: Rezept zur Herstellung einer Deutschlandflagge

4 Inneneinrichtung

Als Basis dient, wie du sehen kannst, ein rotes Banner, auf das mit Tintenbeutel zunächst ein schwarzer Streifen angebracht wird. Auf das daraus resultierende Banner wird dann mit gelbem Farbstoff ein weiterer Streifen angebracht und schon ist die Flagge fertig.

> **Hinweis**
>
> Für fast jede Flagge gibt es eine offizielle Regel, wie sie stehend korrekt herum aufgehängt wird. Für die deutsche Flagge gilt zum Beispiel, dass sich der schwarze Streifen auf der linken Seite befinden muss, für die amerikanische Flagge, dass das blaue Feld immer links oben sein muss. Wenn du es also ganz genau nehmen möchtest, solltest du auf diese Regeln achten.

Etwas einfacher herzustellen ist die Flagge von Österreich, da diese nur aus zwei Farben, Rot und Weiß, besteht. Die Basis bildet auch hier wieder, wie du in Abbildung 4.36 erkennst, ein rotes Banner, in dessen Mitte mithilfe von Knochenmehl ein weißer Pfahl platziert wird.

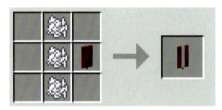

Abbildung 4.36: Rezept zur Herstellung einer Österreichflagge

Komplizierter umzusetzen ist dagegen die Schweizerfahne trotz ihres eigentlich recht einfachen Aufbaus, sie besteht aus einem weißen Kreuz auf rotem Grund. Allerdings handelt es sich bei dem Kreuz um ein sogenanntes griechisches Kreuz, ein Kreuz mit vier gleichlangen kurzen Balken.

Die Grundlage bildet auch hier, wie du in Abbildung 4.37 siehst, ein rotes Banner. Darauf musst du zunächst mit Knochenmehl ein weißes Kreuz anbringen. Da dieses dem griechischen Kreuz aber nur sehr entfernt ähnlich sieht, musst du die Balken des Kreuzes noch kürzen. Dazu fügst du zunächst ein rotes Bord zum Banner hinzu, damit werden die Balken des Kreuzes optisch gekürzt.

Während die seitlichen Balken nach diesem zweiten Schritt bereits ganz gut aussehen, sind die Balken nach oben und unten noch deutlich zu lang. Sie kürzt du deshalb mit einem roten Bannerhaupt und Bannerfuß noch weiter. Das Ergebnis lässt sich dann zweifelsfrei als Schweizerfahne identifizieren, auch wenn bei genauerer Betrachtung auffällt, dass die Balken des Kreuzes nicht exakt gleich lang sind.

Noch etwas aufwendiger ist die Produktion der britischen Flagge, des sogenannten Union Jack. Um ihn herzustellen, benötigst du nämlich die maximale Anzahl von sechs kombinierten Motiven, wie in Abbildung 4.38 gezeigt.

4.4 Dekoration

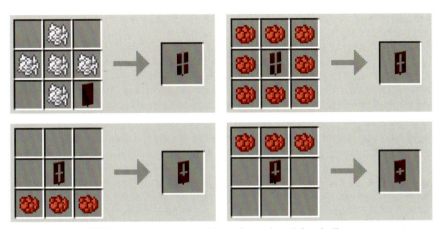

Abbildung 4.37: Rezept zur Herstellung einer Schweiz-Flagge

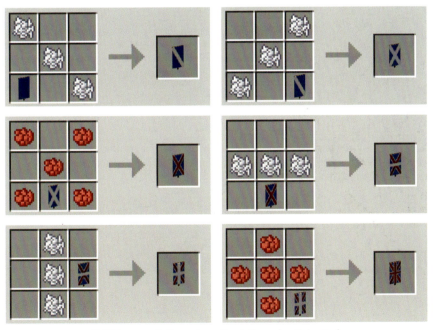

Abbildung 4.38: Rezept zur Herstellung des Union Jack

Genau genommen besteht der Union Jack aus drei Flaggen, denn er ist eine Kombination aus der schottischen, der englischen und der nordirischen Flagge. Deshalb stellst du in den ersten beiden Schritten auch zunächst eine schottische Flagge her. Diese besteht aus einem breiten weißen Andreaskreuz auf blauem Grund. Dazu trägst du auf ein blaues Banner zunächst einen weißen Schräg- und dann einen Schräglinksbalken auf. Darauf kommt im dritten Schritt dann die nordirische Flagge, ein rotes Andreaskreuz. Nun fehlt nur noch die englische Flagge, die aus einem roten Kreuz auf weißem Grund besteht. Der weiße Grund wird im Union Jack durch einen weißen Pfahl und einen Balken angedeutet, darauf dann noch das rote Kreuz und schon sind sechs Motive miteinander kombiniert und der Union Jack fertig.

Kompliziertere Kombinationen sind, wie bereits erwähnt, nicht mehr möglich, denn mehr als sechs Motive lassen sich auf einem Banner nicht kombinieren. Natürlich lassen sich mit den einfachen 38 Grundmotiven auch nicht alle Flaggen herstellen. Die amerikanische Flagge zum Beispiel, die berühmten Stars and Stripes mit ihren 6 weißen Streifen und 50 Sternen, lässt sich in Minecraft nicht nachbauen. Lediglich eine stark vereinfachte Version, wie in Abbildung 4.39 gezeigt, ist im Spiel möglich.

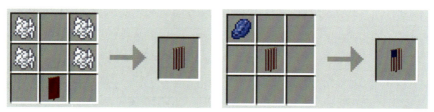

Abbildung 4.39: Rezept zur Herstellung einer amerikanischen Flagge

Blumen

Eine weitere gute Möglichkeit, um deinem Zuhause Leben einzuhauchen, ist der Einsatz von Blumen. Am einfachsten geht das mit einem Blumentopf, dessen Rezept du in Abbildung 4.40 findest.

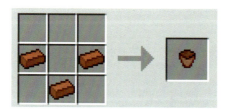

Abbildung 4.40: Blumentopf-Rezept

Der Blumentopf kann natürlich mit Blumen, aber auch mit Farnen, Kakteen, Pilzen und Setzlingen bepflanzt werden. Platzieren könntest du ihn zum Beispiel wie in Abbildung 4.41 auf einem Tisch, aber auch einfach auf dem Boden. Einziger Nachteil des Blumen-

4.4 Dekoration

topfes: Große Gewächse wie Flieder oder auch Sonnenblumen lassen sich in ihm nicht anpflanzen.

Abbildung 4.41: Blumentopf auf einem Tisch

Wenn du auf diese Gewächse in deinem Haus trotzdem nicht verzichten willst, solltest du zu einer etwas rustikaleren Selbstbauvariante eines Blumentopfes greifen, die du schon aus Abbildung 4.23 kennst. In Abbildung 4.42 siehst du noch einmal eine Großaufnahme eines solchen Blumentopfes. Dieser besteht einfach aus einem Block Erde, der von Schildern an allen Seiten flankiert wird. Das sieht vielleicht etwas weniger elegant aus als ein kleiner Blumentopf, bietet dafür aber auch genug Platz für die größten Pflanzen.

Abbildung 4.42: Selbst gebauter Blumentopf für größere Pflanzen

Falls dir das immer noch nicht genug Platz ist, kannst du auch gleich ein ganzes Beet in deinem Haus anlegen, zum Beispiel vor einem Fenster wie in Abbildung 4.43. Zur Um-

4 Inneneinrichtung

randung des Beetes wurden dort Quarz-Treppen verwendet, jeder andere Block ist aber natürlich auch möglich.

Abbildung 4.43: Beet vor einem Fenster

Und für ganz besonders große Naturliebhaber gibt es natürlich auch noch die Möglichkeit, sich gleich einen ganzen Indoor-Garten anzulegen wie in Abbildung 4.44. Neben zahlreichen Pflanzen sorgen hier ein Wasserfall und Ranken an den Wänden für den besonderen Naturlook.

Abbildung 4.44: Indoor-Garten

Kamin

Um dem eigenen Heim noch eine gemütlichere Atmosphäre zu verpassen, eignet sich ein Kamin besonders gut. Abbildung 4.45 und Abbildung 4.46 zeigen zwei mögliche Bauarten für Kamine. Abbildung 4.45 zeigt eine eher moderne Version, gebaut aus Stein, umrandet mit einer Glasscheibe.

Abbildung 4.45: Moderner Kamin

Neben der Optik ist für einen Kamin auch entscheidend, welches Brennmaterial du verwendest. Während Holzbretter schon nach wenigen Sekunden, meist fünf bis zehn, verbrannt sind, brennt ein massives Stück Holz immerhin schon eine halbe bis eine ganze Minute. Das ideale Brennmaterial ist allerdings Netherstein, denn der brennt, einmal angezündet, unendlich lange.

Die eher klassische Bauweise eines Kamins ist in Abbildung 4.46 zu sehen. Der Kamin besteht aus Ziegelsteinen und zwei Ziegeltreppen an den Ecken. Vor dem Kamin steht ein Eisengitter. Boden und Wände sind in diesem Beispiel aus grauer Wolle, weshalb die Steinziegel oben und unten um den Kamin besonders wichtig sind. Die Wollblöcke sind nämlich leicht entflammbar und können nicht nur unten, wo sie direkten Kontakt zum Feuer haben, in Brand geraten, sondern auch oben, wo sie nur Kontakt zu den durch das Feuer erhitzten Steinen haben.

4 Inneneinrichtung

Abbildung 4.46: Klassischer Kamin

Aquarium

Wem Feuer in den eigenen vier Wänden zu gefährlich ist, der kann sich mit einem Aquarium einen weniger gefährlichen Blickfang bauen. Um ein Aquarium wie in Abbildung 4.47 zu bauen, musst du allerdings mehrmals tief in die Trickkiste greifen. Anders als du vielleicht vermuten würdest, werden zum Bau dieses Aquariums nämlich weder Wasser noch lebende Fische benötigt.

Abbildung 4.47: Fertiges Aquarium

4.4 Dekoration

Abbildung 4.48 zeigt den Aufbau des Aquariums, von dem in der fertigen Version nichts mehr zu erkennen ist. Als Sockel für das Aquarium dienen zwei Redstone-Lampen, die dafür sorgen, dass das Aquarium auch in der Nacht ein echter Blickfang ist. Um die Redstone-Lampen herum werden dann Falltüren platziert, die hochgeklappt wie eine Holzvertäfelung wirken. Auf die Redstone-Lampen kommt nicht etwa Wasser, sondern türkis gefärbtes Glas. Dahinter kommen zwei Erdblöcke und eine Rückwand, an der Ranken für die Pflanzen im Aquarium sorgen.

Abbildung 4.48: Einzelteile des Aquariums

Da es in Minecraft überhaupt keine lebenden Fische als Objekte gibt, wirfst du mit der [Q]-Taste einfach tote Fische, die du mit der Angel gefangen hast, in den Hohlraum zwischen Glas und Rückwand. Platzierst du nun eine Wand um das Aquarium und zwei Falltüren als Deckel, erhältst du das in Abbildung 4.47 gezeigte Aquarium. Täuschend echt und das ganz ohne lebende Fische und Wasser. Der Wandschmuck neben dem Aquarium besteht übrigens aus jeweils einem Rahmen gefüllt mit einem Seerosenblatt beziehungsweise einem Kugelfisch.

Kapitel 5

Straßen und Plätze

Damit es nicht nur in deinen Gebäuden, sondern auch davor gut aussieht, werden wir uns in diesem Kapitel mit der Kunst des Bauens von Wegen und Plätzen beschäftigen. Die sehen nicht nur gut aus, sondern können dir auch dabei helfen, die Orientierung zu behalten.

5.1 Straßen

In Abbildung 5.1 kannst du drei Grundbauweisen für Straßen sehen. In der Mitte befindet sich die klassische Variante, hierbei werden einfach Blöcke eines beliebigen Materials im Boden platziert. Wenn dir diese Bauweise zu schlicht ist, findest du darunter und darüber noch zwei Varianten, die jeweils aus einer Straße mit Bürgersteig bestehen. Die untere Variante wird aus zwei Treppen-Blöcken konstruiert, die du in umgekehrter Richtung gegeneinander platzierst. So entsteht ein besonders schmaler Rand, dafür sind Rand und Straße aber immer aus demselben Material. Die obere Variante besteht dagegen aus halben Blöcken, also Stufen, in der Mitte und normalen Blöcken am Rand. So ist der Rand immer mindestens einen Block breit, kann dafür aber aus anderem Material bestehen als die Straße selbst. Natürlich kannst du alle Varianten in beliebiger Breite umsetzen, indem du einfach mehr Blöcke nebeneinander baust.

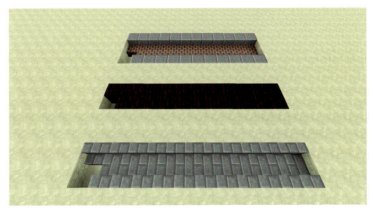

Abbildung 5.1: Verschiedene Methoden zum Bauen von Wegen

5 Straßen und Plätze

Laternen

Zu einer echten Straße gehören außerdem noch Laternen. Die sehen nicht nur gut aus, sondern erfüllen auch gleich noch einen Zweck: Mit ihrem Licht können sie dir in der Nacht Monster vom Leib halten.

Die am häufigsten verwendete Bauweise für Laternen kannst du in Abbildung 5.2 sehen. Dabei werden Zäune als Masten verwendet, auf die dann Redstone-Lampen platziert werden. Die Redstone-Fackel in der Mitte der Laterne sorgt dafür, dass die Lampen auch tatsächlich leuchten. Je nach Geschmack verbaust du nur eine oder aber bis zu vier Redstone-Lampen auf diese Art.

 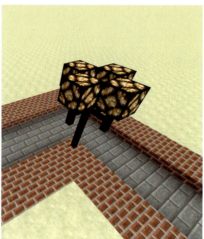

Abbildung 5.2: Klassische Laterne mit zwei und vier Lampen

Eine technisch raffiniertere Variante zum Laternenbau siehst du in Abbildung 5.3. Die dort gezeigten Laternen leuchten nämlich nur in der Dunkelheit im Gegensatz zu den Laternen in Abbildung 5.2, die durchgehend angeschaltet sind.

Das funktioniert dank eines Tageslichtsensors, der direkt auf den Redstone-Lampen platziert wurde. Durch einen Rechtsklick verwandelt sich der Tageslichtsensor in einen Nachtlichtsensor, zu erkennen an den blauen Punkten. Bei Dämmerung werden die Laternen so langsam heller, bis sie ihre volle Stärke erreichen.

5.1 Straßen

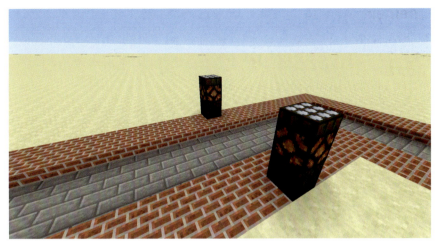

Abbildung 5.3: Laterne mit Tageslichtsensor

Diese Technik kannst du nicht nur mit der in Abbildung 5.3 gezeigten Bauweise verwenden, sondern auch in Kombination mit den klassischen Laternen oder jeder anderen Bauweise, solange du den Nachtlichtsensor direkt auf der Lampe platzieren kannst. Ein Beispiel für eine etwas ausgefallenere Bauweise findest du in Abbildung 5.4.

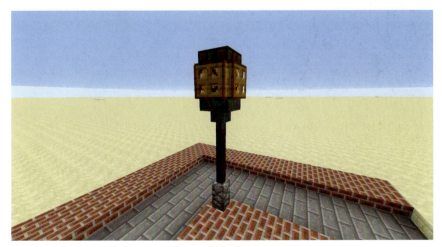

Abbildung 5.4: Weitere Laterne mit Tageslichtsensor

5 Straßen und Plätze

Als Sockel der Laterne dient der Block einer Mauer, auf dem zwei Zaunpfähle platziert wurden. Auf denen wurde wiederum ein Trichter platziert, auf dem sich eine Redstone-Lampe befindet. Als Verkleidung wurden um die Lampe eingeklappte Falltüren angebracht.

> **Tipp**
>
> Um Blöcke auf Trichtern, Truhen oder anderen Gegenständen zu platzieren, die bei einem Klick darauf eigentlich ein Fenster öffnen, musst du die ⌈Shift⌉-Taste beim Platzieren des Blocks gedrückt halten. So öffnet sich das Fenster nicht und der Block kann wie gewohnt platziert werden.

Neben der Redstone-Lampe kannst du, wie schon im letzten Kapitel bei der Innenbeleuchtung, auch Seelaternen verwenden, um deine Straßen auszuleuchten. Sie bieten, wie in Abbildung 5.5 gezeigt, den Vorteil, dass sie keine Redstone-Energiequelle benötigen, um zu leuchten. Dafür leuchten sie allerdings immer ganztägig und können nicht nur in der Nacht angeschaltet werden. Das Modell in Abbildung 5.5 verwendet einen Endportalrahmen als Sockel und Zaunstücke als Mast.

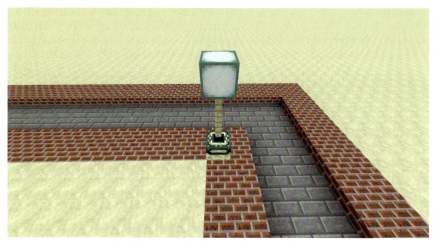

Abbildung 5.5: Seelaterne als Straßenlaterne

Zu guter Letzt lassen sich auch noch Leuchtfeuer als Lichtquelle für Laternen verwenden. Da sie ebenfalls keine Redstone-Energiequelle benötigen, kannst du sie ähnlich wie die Seelaterne verwenden. Der Unterschied liegt, wie du in Abbildung 5.6 siehst, hauptsächlich in der Optik.

Abbildung 5.6: Leuchtfeuer als Laterne

Wegweiser

Je größer deine Welt wird und je weitverzweigter dein Straßennetz, desto schwieriger wird es, den Überblick zu behalten, welcher Weg wohin führt. Wegweiser an Kreuzungen und Abzweigungen können dir und besonders anderen Spielern dabei helfen, sich in der Welt zurechtzufinden. Am einfachsten geht das mit beschrifteten Schildern wie in Abbildung 5.7. Sie sind zwar praktisch, aber doch eher langweilig.

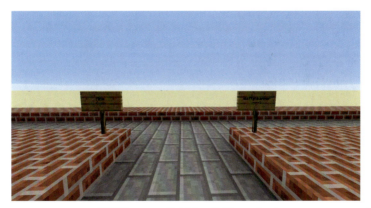

Abbildung 5.7: Schilder als Wegweiser

Mit ein paar Tricks können deine Wegweiser aber zum echten Blickfang werden. Dazu kannst du zum Beispiel die Rahmen verwenden, die du schon aus dem letzten Kapitel kennst. Geschickt kombiniert ergeben diese, wie Abbildung 5.8 zeigt, ebenfalls Wegweiser.

5 Straßen und Plätze

Dazu baust du zunächst einen Mast aus Zaunstücken, an den du dann untereinander zwei Rahmen platzierst. In einen der Rahmen gibst du einen Gegenstand, der symbolisch für das Ziel steht, zum Beispiel ein Schwert für den Weg zur Waffenkammer oder eine Lore für den Weg zur Mine. In den Rahmen darunter platzierst du dann einen Trichter. Sobald der Trichter im Rahmen ist, kannst du ihn mit einem Klick auf die rechte Maustaste drehen, sodass er als Pfeil fungiert und in die richtige Richtung zeigt.

Abbildung 5.8: Rahmen als Wegweiser

Wenn du es noch etwas ausgeklügelter haben möchtest, kannst du den Trichter, bevor du ihm im Rahmen platzierst, umbenennen, um ihm den Namen des Zielortes zu geben. Dazu legst du den Trichter einfach wie in Abbildung 5.9 gezeigt auf einen Amboss und änderst den Namen zum Beispiel in »Waffenkammer«.

Abbildung 5.9: Umbenennen eines Gegenstandes mithilfe eines Ambosses

Positionierst du den umbenannten Trichter nun in einem Rahmen, erscheint sein Name und somit der Namen des Ziels, sobald ein Spieler mit der Maus darauf zeigt, wie du in Abbildung 5.10 erkennst. Den zweiten Rahmen kannst du dann sogar weglassen oder auch mehrere Wegweiser an einem Mast platzieren. Statt eines Trichters könntest du natürlich auch andere Gegenstände benutzen, die eindeutig in eine Richtung zeigen, wie zum Beispiel einen der Pfeile, den du normalerweise mit dem Bogen verschießt.

Abbildung 5.10: Trichter im Rahmen nach Umbenennung

Oder du benutzt etwas gänzlich anderes zum Anzeigen der Richtung. Dafür eignen sich zum Beispiel die Banner, die du ebenfalls bereits im letzten Kapitel kennengelernt hast. Diese lassen sich wie in Abbildung 5.11 mit Schildern oder Rahmen zu Wegweisern kombinieren.

Um Pfeile nach vorne und hinten auf einem Banner zu erzeugen, hast du im letzten Kapitel bereits die Motive »Halbe Spitze« und »Halbe Spitze (gestürzt)« kennengelernt. Pfeile nach links und rechts wie in Abbildung 5.11 sind etwas schwieriger zu erzeugen, denn sie entstehen durch eine Kombination von zwei Motiven. Zunächst platzierst du dazu auf einem leeren Banner das Motiv »Raute«. Im Anschluss legst du dann in derselben Farbe wie der Banner selbst entweder das Motiv »Gespalten links« für einen Pfeil nach rechts oder das Motiv »Gespalten rechts« für einen Pfeil nach links darüber. Fertig ist die Wegbeschilderung. Auch für diese Version kannst du mit einem Amboss noch den Namen als Anzeige hinzufügen.

5 Straßen und Plätze

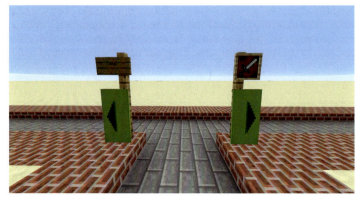

Abbildung 5.11: Banner als Wegweiser

5.2 Plätze

Wenn du deinem Straßennetz noch ein besonderes Highlight hinzufügen möchtest, kannst du das zum Beispiel mit einem Platz machen, der als besonderer Blickfang dient. Soll es kein klassisch viereckiger, sondern runder Platz werden, kann dir dabei der in Abbildung 5.12 gezeigte Trick helfen: Ein Rautenmuster hilft dabei, alle Seiten gleich lang zu halten und somit ein symmetrisches Ergebnis zu erzielen.

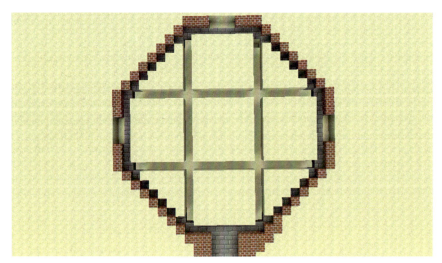

Abbildung 5.12: Rautenmuster als Hilfe zum Bau eines runden Platzes

5.2 Plätze

Danach kannst du dann entweder den gesamten Platz mit dem von dir gewünschten Material pflastern oder du verwendest den Mittelteil der Raute wie in Abbildung 5.13, um eine Insel auf deinem Platz zu erschaffen, die du später dekorierst.

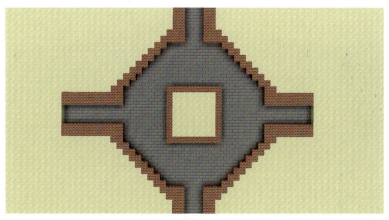

Abbildung 5.13: Runder Platz mit Mittelinsel

Du könntest zum Beispiel ein Gebäude wie einen Turm in die Mitte des Platzes stellen oder du betätigst dich als Gärtner und platzierst ein Blumenbeet, wie du in Abbildung 5.14 siehst.

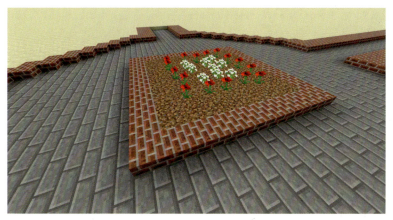

Abbildung 5.14: Blumenbeet in der Mitte eines Platzes

Oder aber du verzierst deinen Platz mit einem Brunnen inklusive Wasserfontänen. Dazu entfernst du zunächst die oberste Schicht Erde der Mittelinsel und platzierst dort mithilfe eines Eimers Wasser, sodass eine glatte Wasseroberfläche entsteht. Für die Fontänen benötigst du zunächst, wie in Abbildung 5.15 gezeigt, fünf Hilfsblöcke. Vier davon platzierst du einen Block von den Ecken des Brunnens entfernt direkt über der Wasseroberfläche, den fünften in der Mitte einen Block höher.

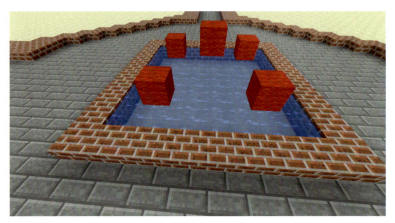

Abbildung 5.15: Vorbereitung für den Bau eines Brunnens mit Wasserfontänen

Zur Fertigstellung des Brunnens musst du nur noch auf jedem der roten Blöcke einen Block Wasser platzieren und die Hilfsblöcke dann im Anschluss entfernen. Das Ergebnis ist ein echter Blickfang, ein Brunnen mit fünf Wasserfontänen, wie in Abbildung 5.16 gezeigt. Die Größe der Fontänen kannst du beliebig anpassen, indem du die Hilfsblöcke einfach höher positionierst.

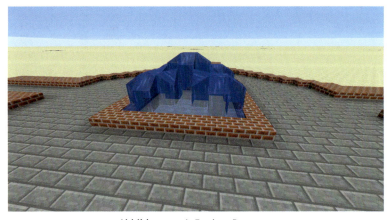

Abbildung 5.16: Fertiger Brunnen

Damit ist dein Platz fürs Erste fertig, du kannst ihn natürlich aber noch nach Belieben weiter dekorieren, zum Beispiel indem du einen Zaun um den Platz oder die Mittelinsel ziehst. Oder aber du greifst auf die Straßenlaternen aus dem Abschnitt »Laternen« (ab Seite 90) zurück und platzierst diese zum Beispiel, wie in Abbildung 5.17 gezeigt, an den Rändern der Mittelinsel.

Abbildung 5.17: Straßenlaternen als Dekoration für den Platz

Oder aber du entscheidest dich für eine gänzlich andere Bauweise für deinen Platz. In Abbildung 5.18 siehst du einen quadratischen Platz. Die Kombination aus den Baumaterialien Quarz und Ziegelsteinen in Verbindung mit dem Bodenmuster verleiht dem Platz eine Optik, die ans antike Griechenland erinnert. Generell sind die Kombination verschiedener Baumaterialien und das Verlegen von Mustern eine gute Möglichkeit, um spannende Plätze zu erschaffen.

Abbildung 5.18: Quadratischer Platz mit Mosaik

5 Straßen und Plätze

Und falls dir das noch nicht Blickfang genug ist, lässt sich auch diese Art des Platzes noch mit passender Dekoration aufpeppen. Zum Beispiel mit einer Stele aus gemeißeltem Quarz und einer Spitze aus glasierter Keramik, wie du in Abbildung 5.19 siehst, ganz im griechischen Stil. Als Sockel dienen dabei Treppen aus Steinziegeln.

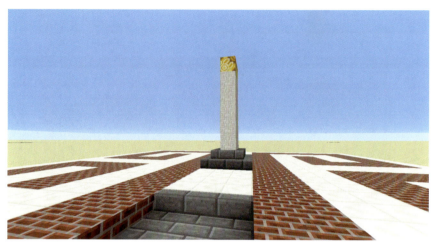

Abbildung 5.19: Stele aus Quarz mit Keramik-Spitze

Eine weitere, erneut gänzlich andere Bauweise siehst du in Abbildung 5.20. Statt auf Steine wird hier auf Grünflächen gesetzt. In der Mitte des Platzes oder Parks befindet sich ein Teich, auf dem Seerosenblätter platziert wurden. In der unteren Bildhälfte finden sich zwei Stelen, die in derselben Bauweise entstanden sind wie die Stele in Abbildung 5.19.

Als Abtrennung verschiedener Beete und Wege dient Laub, das auf den Boden gelegt wie Hecken wirkt. Die schmalen Bäume am oberen und unteren Bildrand sind ebenfalls nicht natürlich gewachsen, ihr Stamm besteht aus einem Stück Zaun, auf dem Laub platziert wird.

5.2 Plätze

Abbildung 5.20: Parkanlage

Kapitel 6

Brücken und Kanäle

Auch das bestausgebaute Straßennetz kommt irgendwann an seine Grenzen, wenn weite Entfernungen zu überbrücken sind, spätestens aber wenn Schluchten oder Flüsse den Weg versperren. In diesem Kapitel soll es daher darum gehen, wie solche Hindernisse elegant und effizient umschifft werden können, teilweise im wahrsten Sinne des Wortes.

6.1 Brücken

Da du dich in Minecraft auf Erde genauso schnell bewegst wie auf Pflaster, sind Straßen zunächst einmal rein dekorative Objekte. Anders ist die Situation aber dann, wenn du einen Fluss überqueren musst. Nicht nur das Ein- und Aussteigen ins Wasser kostet viel Zeit, im Wasser bewegst du dich auch deutlich langsamer als an Land. Daher sind Brücken über Flüsse in Minecraft nicht nur reine Dekoration, sondern haben auch einen praktischen Nutzen, was natürlich nicht heißt, dass sie dabei nicht auch noch gut aussehen können.

Einfache Modelle

Ein Brückenmodell, bei dem die Nutzwerte an erster Stelle stehen und nicht die Schauwerte, siehst du in Abbildung 6.1. Der schnellste Weg, einen Fluss überquerbar zu machen, ist eine flache Brücke, die sich direkt über die Wasseroberfläche spannt. Die Brücke in Abbildung 6.1 verfügt darüber hinaus noch über ein Geländer, bestehend aus einem Zaun am rechten und linken Rand, das verhindert, dass der Spieler bei der Überquerung ins Wasser fällt.

Diese Bauweise kannst du schnell und einfach umsetzen, sie hat aber auch Nachteile. Weil die Brücke direkt auf der Wasseroberfläche aufliegt, ist es nicht möglich, den Fluss mit einem Boot zu befahren oder durch ihn hindurchzuschwimmen. Das gilt nicht nur für Spieler, sondern zum Beispiel auch für Tintenfische.

6 Brücken und Kanäle

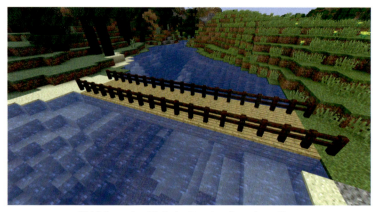

Abbildung 6.1: Einfache Brücke über einen Fluss

Um den Fluss weiterhin nutzbar zu halten und gleichzeitig eine einfache Überquerung zu ermöglichen, benötigst du also eine andere Form des Brückenbaus. Die einfachste Lösung ist eine Brücke, die sich zur Mitte hin nach oben wölbt, wie in Abbildung 6.2. Durch die Verwendung von Stufen lässt sich die Brücke weiterhin ohne Probleme überqueren, gleichzeitig ermöglicht es die Erhebung in der Mitte, mit einem Boot unter der Brücke hindurchzufahren oder zu schwimmen. Und auch optisch macht diese Bauweise mehr her als das simple Modell aus Abbildung 6.1.

Abbildung 6.2: Gewölbte Brücke

Mit derselben Bauweise kannst du auch kunstvollere Kreationen umsetzen, wie zum Beispiel die Steinbrücke mit zwei Bögen, die du in Abbildung 6.3 siehst. Hier können auch zwei Boote problemlos zur gleichen Zeit passieren. Wichtig ist dabei, dass du darauf achtest, dass du auf der Treppe selbst Stufen zur Steigung verwendest, damit du die Brücke auch tatsächlich problemlos überqueren kannst und nicht von Block zu Block springen musst.

Abbildung 6.3: Brücke mit zwei Bögen

Soll deine Brücke keinen Fluss, sondern eine Schlucht überspannen, dann bietet sich eine andere Bauweise an, bei der die Brücke in der Mitte nicht den Boden berührt. Eine Möglichkeit dafür siehst du in Abbildung 6.4. Die dort gezeigte Brücke ist angelehnt an die Bauweise von Eisenbahnbrücken, die häufig über eine Konstruktion aus Metallstreben unter der Fahrbahn verfügen.

Abbildung 6.4: Eisenbahnbrücke

Komplexere Modelle

Eine besonders kunstvolle Variante einer Bogenbrücke, die eine Schlucht überspannt, zeigt dir Abbildung 6.5. Bei dieser aufwendigen Konstruktion steht die Optik eindeutig im Vordergrund, nichtsdestotrotz erfüllt die Brücke auch weiterhin einen praktischen Zweck: Gerade durch ihre komplett flache Oberfläche ist sie leicht zu überqueren.

Abbildung 6.5: Bogenbrücke über eine Schlucht

Nicht nur in Minecraft können Brücken wie die in Abbildung 6.5 ganz schön imposant wirken, auch im echten Leben gehören einige von ihnen zu den markantesten und imposantesten Bauwerken, die von Menschenhand geschaffen wurden. Du kannst dich beim Bau deiner ganz eigenen Brücke also durchaus von realen Vorbildern inspirieren lassen, sei es die Tower Bridge in London, die Forth Bridge im schottischen Edinburgh oder die Golden Gate Bridge in San Francisco. Letztere ist nicht nur für ihre Seilkonstruktion, sondern vor allem auch für ihre markante rote Farbe bekannt. Einen Mini-Nachbau der Golden Gate Bridge findest du in Abbildung 6.6.

Sie besteht, bis auf die Fahrbahn, komplett aus roten Wollblöcken. In Abbildung 6.7 siehst du eine Detailansicht der Seilkonstruktion. Für die schrägen Seile platzierst du die Blöcke einfach diagonal nebeneinander, aus der Ferne entsteht dann der Eindruck eines gespannten Seils, wie du in Abbildung 6.6 erkennst.

6.1 Brücken

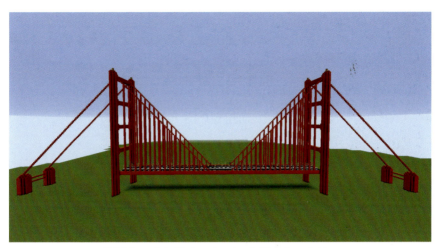

Abbildung 6.6: Miniversion der Golden Gate Bridge

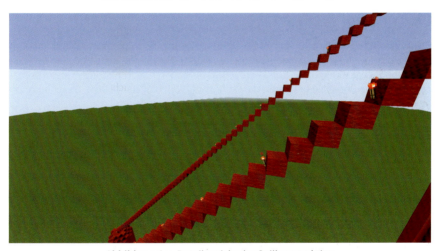

Abbildung 6.7: Detailansicht der Seilkonstruktion

Zwar kein reales, aber ein durchaus berühmtes Vorbild hat auch die Brücke in Abbildung 6.8. Sie ist der Brücke aus den Harry-Potter-Filmen nachempfunden, die sich an Harrys berühmter Magier-Schule Hogwarts befindet und dort nicht nur eine große Schlucht überspannt, sondern auch als Schauplatz für zahlreiche Schlüsselszenen dient.

6 Brücken und Kanäle

Abbildung 6.8: Brücke nach dem Vorbild der Harry-Potter-Filme

Versenkbare Brücke

Brücken können sich nicht nur durch ihr Erscheinungsbild voneinander abheben, in manchen versteckt sich auch eine besondere Funktionalität. So kannst du zum Beispiel mit Kolben eine versenkbare Brücke über Wasser bauen. Das funktioniert in drei einfachen Schritten. Zunächst platzierst du wie in Abbildung 6.9, vier Kolben. Dazu musst du den Bereich zunächst, wie du dort ebenfalls siehst, trockenlegen.

Abbildung 6.9: Platzierung der Kolben für die versenkbare Brücke

6.1 Brücken

Die vier Kolben musst du dann unterirdisch, wie du in Abbildung 6.10 siehst, miteinander verbinden, sodass du sie alle gemeinsam über eine Redstone-Leitung steuern kannst. Verbindest du diese Leitung nun mit einem Schalter, kannst du die Brücke damit hoch- und runterfahren.

Abbildung 6.10: Unterirdische Anbindung der Kolben

Hochgefahren sieht die Brücke dann wie in Abbildung 6.11 aus, versenkt ist sie unter dem Wasser nicht zu erkennen.

Abbildung 6.11: Hochgefahrene Brücke

6 Brücken und Kanäle

6.2 Kanäle

Mit Brücken und Straßen fällt das Überwinden großer Distanzen schon deutlicher einfacher, trotzdem bist du zu Fuß in Minecraft, mit einer Geschwindigkeit von 5,6 Metern pro Sekunde vergleichsweise langsam unterwegs. Schneller geht es auf Schienen. Mit einer Lore in voller Fahrt kannst du bis zu acht Meter pro Sekunde zurücklegen. Für lange Strecken ist der Bau von Schienenverbindungen allerdings sehr kostspielig, schließlich benötigst du pro Antriebsschiene einen Goldbarren. Glücklicherweise gibt es noch eine zweite Transportart, die dich genauso schnell an dein Ziel bringt: Ein Boot in ruhigem Wasser kann nämlich ebenfalls 8,0 Meter pro Sekunde zurücklegen. Auf gefrorenen Wasserflächen bist du mit einem Boot übrigens noch schneller unterwegs. Auf rekordverdächtige 40 Meter pro Sekunde kann ein Boot dort beschleunigen. Das ist sogar schneller als das Fliegen im Kreativmodus, hier bringst du es auf gerade einmal 22 Meter pro Sekunde. Allerdings bleibt Wasser nur in wenigen Biomen, in denen von Natur aus Schnee liegt, dauerhaft gefroren.

Statt Flüsse zu überbrücken, kann es also durchaus manchmal sinnvoll sein, künstliche Kanäle zu bauen, auf denen du dich dann fortbewegen kannst. Das erfordert zwar einiges an Arbeit, im Vergleich zum Bau einer Schienenstrecke sparst du aber kostbare Ressourcen. Alles, was du brauchst, ist eine Schaufel und ein Eimer mit Wasser. Um dich mit einem Boot auf einem Kanal bewegen zu können, muss dieser mindestens zwei Blöcke breit sein und vor allem eben.

Das ist der größte Nachteil von Kanälen im Vergleich zu Schienen. Denn während du mit Antriebsschienen auch Steigungen in einer Lore überwinden kannst, kannst du mit einem Boot niemals stromaufwärts paddeln, zumindest nicht ohne aufwendige Hilfskonstruktionen. Du musst also bei der Planung deiner Strecke Höhenunterschiede berücksichtigen und den Kanal entweder von Beginn an auf Stelzen bauen oder entsprechende Tunnel ausheben.

Kanalbegrenzung

In Abbildung 6.12 siehst du eine Lösung für eine Kanalbegrenzung mit Stelzen. Außerdem wird dir dort auffallen, dass der gesamte Rand des Kanals aus Stufen, also Blöcken mit halber Höhe, besteht. Das Wasser dagegen ist ganz normal einen Block hoch und läuft trotzdem nicht aus dem Kanal heraus.

Diese Bauart hat neben einem besonderen optischen Effekt auch ganz praktische Vorteile. Bei einem Rand aus Blöcken mit voller Höhe bleibt das Boot am Ende des Kanals einfach am Rand hängen und kann unter Umständen sogar Schaden nehmen. Blöcke mit halber Höhe erlauben es dir dagegen, mit dem Boot auf den Rand zu fahren und dort bequem auszusteigen. Und auch beim Einsteigen kannst du das Boot einfach auf dem Rand platzieren, bequem im Trockenen einsteigen und dann ins Wasser paddeln. Ist dein Kanal auf der gesamten Strecke mit einem solchen Rand ausgerüstet, kannst du an jeder beliebigen Stelle einfach und unkompliziert zu- und aussteigen.

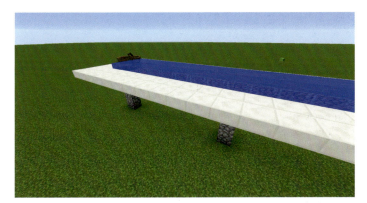

Abbildung 6.12: Kanal mit Stufen (Block mit halber Höhe) als Rand

Kanalüberquerungen

Mit einem Boot kannst du dich zwar sehr schnell im Wasser bewegen, ohne wird es aber quälend langsam. Gerade einmal 1,23 Meter pro Sekunde schaffst du, wenn du versuchst, einen Kanal zu Fuß zu überqueren. Je länger deine Kanäle werden, desto wahrscheinlicher ist es aber auch, dass du sie von Zeit zu Zeit auch zu Fuß überqueren musst. Wenn dein Kanal nicht ohnehin unterirdisch oder auf Stelzen verläuft, kannst du natürlich Brücken darüber bauen. Noch eleganter und schneller geht es aber wie in Abbildung 6.13 gezeigt.

Abbildung 6.13: Kanal-Übergang

Der dort gezeigte Übergang macht sich wieder die Tatsache zunutze, dass sich Stufen mit einem Boot befahren lassen und das, zumindest bei nur einem Block Breite, ohne merklichen Geschwindigkeitsverlust. Trotzdem kannst du deinen Kanal gleichzeitig auch noch trockenen Fußes überqueren.

Kapitel 7

Burgen und Schlösser

Als Herrscher über eine komplette Welt, der du in Minecraft zweifelsohne bist, ist ein einfaches Haus oder gar nur eine Höhle keine standesgemäße Behausung. Deshalb beschäftigen wir uns in diesem Kapitel mit angemesseneren Bleiben und widmen uns dem Bau von Burgen und Schlössern.

7.1 Burgen

Neben jeder Menge Zeit benötigst du zum Bau einer eigenen Burg vor allem Unmengen an Steinen. Burgen sind nicht so vornehm und filigran wie Schlösser, dafür strahlen sie aber Macht und Bedrohlichkeit aus und schüchtern den Gegner schon aus der Ferne ein.

Einfache Burg Schritt für Schritt

Abbildung 7.1 zeigt den Grundriss einer einfachen Burg inklusive eines umgebenden Burggrabens. Der Grundriss zeichnet sich vor allem durch seine Symmetrie aus: An jeder Ecke der Burg befindet sich ein Turm mit einer Grundfläche von 7 x 7 Blöcken, die Verbindungsgänge haben jeweils eine Grundfläche von 5 x 16 Blöcken.

Abbildung 7.1: Grundriss einer einfachen Burg

7 Burgen und Schlösser

Durch diese Bauweise entsteht neben einer großen Burganlage im Inneren auch noch ein großer Burghof, der sich zum Beispiel perfekt für den Anbau von Nahrung eignet. So kann sich deine Burg im Falle einer Belagerung selbst versorgen und ist nicht von der Außenwelt abhängig.

Wichtigste Eigenschaft einer jeden Burg sind natürlich ihre Mauern, diese sollten hoch, massiv und möglichst unüberwindbar sein. Damit aus deinem flachen Grundriss eine gut geschützte Burg wird, solltest du zunächst die Verbindungsstücke zwischen den Türmen ausbauen. Diese werden innen jeweils drei Blöcke hoch. Darüber kommen, wie du in Abbildung 7.2 siehst, ein Dach und an die Ränder jeweils noch eine Mauer mit Zinnen, sodass oben ein Gang entsteht, den man später benutzen kann, um zwischen den Türmen hin und her zu laufen, ohne der Gefahr ausgesetzt zu sein, von Pfeilen getroffen zu werden.

Abbildung 7.2: Ausgebauter Mittelteil der Burg

Als Nächstes kannst du dann einen der vier Ecktürme in die Höhe ziehen. Auch diese erhalten oben zum Schutz eine Mauer mit Zinnen und darüber noch ein Dach aus Holz. Das Dach selbst besteht dabei aus Brettern, die Balken, die das Dach tragen, aus Baumstämmen.

Nach außen hin verfügt der Turm außerdem über zwei Fenster, die mit Gittern gesichert werden, später führen jeweils noch zwei Türen raus zu den Verbindungsgängen. Vom Boden bis zur Plattform oben misst der Turm zehn Blöcke hoch, bis zur Spitze des Dachs sind es dann noch einmal sieben weitere Blöcke.

7.1 Burgen

Abbildung 7.3: Eckturm

Dank der symmetrischen Bauweise musst du die beiden letzten Schritte nun nur noch jeweils dreimal wiederholen und schon steht eine fertige Burganlage vor dir wie in Abbildung 7.4. Natürlich solltest du nicht vergessen, deine Burg noch mit ausreichend Türen nach innen und außen auszustatten. Außerdem benötigst du noch eine Brücke zum Überqueren des Burggrabens, hier eignet sich ganz besonders die versenkbare Brücke, die du im letzten Kapitel kennengelernt hast, als Ersatz für eine Zugbrücke.

Abbildung 7.4: Fertige Burg

Torhaus

Natürlich handelt es sich bei der Burg in Abbildung 7.4 um ein vergleichsweise langweiliges und sehr reduziertes Modell. Du kannst deine Burg aber jederzeit nach deinen Vorstellungen aufpeppen. In Abbildung 7.5 siehst du zum Beispiel eine alternative Bauweise für den Haupteingang deiner Burg. Statt einer einfachen, rechteckigen Bauweise verfügt das Torhaus in Abbildung 7.5 nicht nur über einen Bogen über dem Eingang, sondern auch über zwei kleine Türme.

Abbildung 7.5: Torhaus

Türme

Überhaupt sind Türme eine gute Möglichkeit, um das Aussehen deiner Burg zu verbessern. Eine angedeutet runde Bauweise wie in Abbildung 7.6 wertet deine Burg sofort optisch auf. Ein solcher Turm kann aber auch, wie auch in Abbildung 7.6 zu sehen, alleine stehen. Der dort gezeigte Turm zeichnet sich neben seiner runden Bauweise auch durch sein Dach aus Ziegelsteinen aus. Die geschlossene Bauweise sieht nicht nur gut aus, sondern sorgt auch für zusätzlichen Schutz. Gekrönt wird das Ganze durch eine Fahne, die aus eingefärbten Wollblöcken besteht.

7.1 Burgen

Abbildung 7.6: Frei stehender Rundturm

Mini-Burg

Dass eine Burg nicht immer groß sein muss, zeigt Abbildung 7.7. Dort siehst du eine Mini-Burg, die aus einem quadratischen Mittelteil besteht, an dessen vier Ecken jeweils ein kleiner runder Turm steht. In der Mitte ragt außerdem ebenfalls ein Turm aus dem Mittelteil heraus. So kannst du auf kleiner Fläche eine eindrucksvolle Burg erschaffen.

Abbildung 7.7: Geschlossene Mini-Burg

Große Burg

Den Gegenentwurf zu dieser Mini-Burg siehst du in Abbildung 7.8. Die dort gezeigte Burg hat zwar einige Gemeinsamkeiten, so ist zum Beispiel das Hauptgebäude ebenfalls geschlossen und quadratisch und verfügt an jeder Ecke über einen Turm, sie überzeugt aber eher durch Größe statt durch Platzersparnis. Trotz ihrer Größe sind es gerade eher die kleinen Details, die diese Burg interessant machen.

Abbildung 7.8: Große Burg mit Vorhof

Rote Dächer

So sind die roten Dächer nicht wie üblich aus Ziegelsteinen, sondern aus Netherrack, dem Hauptbaustein der Nether.

Fahnen

Die Fahnen auf den Türmen dürften dir schon aus Abbildung 7.6 bekannt vorkommen, neu sind dagegen die riesigen Banner, die die beiden großen Türme in der Mitte schmücken. Sie bestehen aus roten Wollblöcken und die Schrift aus Goldblöcken.

Mosaik

Im Boden im Vorhof ist ein Mosaik aus normalem und rotem Sandstein eingelassen, in dessen Mitte sich ein roter Teppich befindet, der zum Eingang der Burg führt.

Balkon

Der Balkon über dem Eingang ist nicht nur links und rechts mit Blumen verziert, sondern auch von Ranken bewuchert.

7.1 Burgen

Burg von oben

Der volle Umfang der Anlage wird erst bei einem Blick aus der Luft deutlich, wie Abbildung 7.9 eindrucksvoll zeigt.

Abbildung 7.9: Burggelände von oben

Links und rechts neben der eigentlichen Burg befindet sich jeweils ein Garten mit einem großen Teich und Bäumen. Das gesamte Gelände ist von einer durchgehenden Burgmauer umgeben. Die Rückseite der Burg ist, wie du in Abbildung 7.10 siehst, vergleichsweise unspektakulär und entspricht im Wesentlichen bis auf den fehlenden Eingang und Vorhof der Vorderseite.

Abbildung 7.10: Rückseite der großen Burg

7 Burgen und Schlösser

Burgmauer

Die Mauer, die das Gelände umgibt, ist im Detail in Abbildung 7.11 gezeigt. Aus der Nähe wird deutlich, dass die Mauer mit einer Höhe von gerade einmal vier Blöcken plus einer weiteren Reihe Zinnen vergleichsweise niedrig ist. Das verringert den Bauaufwand etwas, ist aber trotzdem hoch genug, um Zombies, Creeper und ähnliche unfreundliche Zeitgenossen fernzuhalten.

Abbildung 7.11: Burgmauer

Burgsaal

In einem so großen Gebäude ist natürlich auch ausreichend Platz für imposante Säle. In Abbildung 7.12 siehst du den Thronsaal der Burg. Der ist, bis auf den roten Boden, hauptsächlich in Brauntönen gehalten. Du kannst den Burgsaal noch mit folgenden Dingen ausstatten:

- Die **Wände** bestehen zum Beispiel aus brauner Wolle, optische Akzente werden durch dunkle Baumstämme gesetzt.
- Das **Holzmuster** am unteren linken und rechten Rand von Abbildung 7.12 besteht aus Notenblöcken.
- An der Decke hängt ein großer **Kronleuchter**, der aus Glowstone besteht.
- Auf der linken und rechten Seite des Thronsaals befindet sich jeweils eine **Besuchertribüne**, die in Abbildung 7.13 deutlicher zu sehen sind.

7.1 Burgen

Abbildung 7.12: Thronsaal

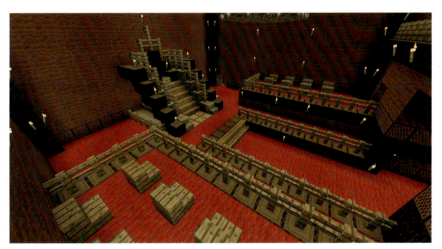

Abbildung 7.13: Besuchertribüne des Thronsaals

Auch hier gibt es einen roten Boden, außerdem Holztreppen als Sitzgelegenheit für Gäste, die so einen guten Blick hinunter in den Saal und auf den Thron haben.

7.2 Schlösser

Hast du dich schon einmal gefragt, was eigentlich der Unterschied zwischen einer Burg und einem Schloss ist? Hauptaufgabe einer Burg ist der Schutz vor Angreifern, deshalb besteht sie meist aus dicken Mauern und hohen Verteidigungstürmen. Ein Schloss dagegen ist hauptsächlich zum Wohnen gedacht und bietet daher häufig mehr Komfort oder auch größere Fenster. Nachdem du dich im letzten Abschnitt mit dem Bau von Burgen beschäftigt hast, soll es nun um den Bau von Schlössern gehen.

Einfaches Schloss Schritt für Schritt

Den Anfang macht auch hier wieder eine Schritt-für-Schritt-Anleitung zum Bau deines eigenen Schlosses.

Grundriss

Den Grundriss dafür siehst du in Abbildung 7.14. Schon dort wird klar, dass es sich hier um ein größeres Bauprojekt handelt.

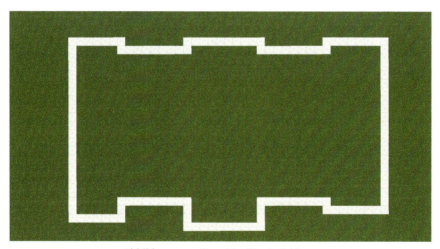

Abbildung 7.14: Grundriss für ein Schloss

Das wird auch beim Blick auf die Front in Abbildung 7.15 deutlich. Diese besteht aus insgesamt zehn Fenstern, die jeweils 2 x 3 Blöcke groß sind, sowie einer Doppeltür in der Mitte.

7.2 Schlösser

Abbildung 7.15: Frontansicht Erdgeschoss

Erdgeschoss

Die linke und die rechte Seite des Schlosses sind identisch aufgebaut und bestehen, wie du in Abbildung 7.16 erkennst, aus vier großen Fenstern, die im Abstand von zwei Blöcken zueinander platziert sind. Die Fenster haben jeweils eine Größe von 3 x 3 Blöcken und sind damit noch etwas größer als die Fenster an der Vorderseite.

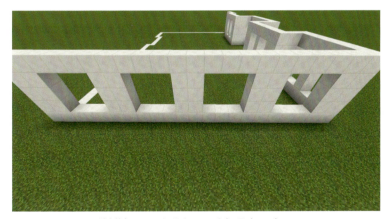

Abbildung 7.16: Seitenansicht Erdgeschoss

Auf der Rückseite des Schlosses, die du in Abbildung 7.17 siehst, werden die Fenster dann sogar noch größer. Die beiden äußeren, links und rechts, haben jeweils eine Größe

7 Burgen und Schlösser

von 5 x 3 Blöcken. In der Mitte der Rückseite befinden sich neben der Öffnung für eine Doppeltür zwei bodentiefe Fenster, die drei Blöcke breit und vier Blöcke hoch sind.

Abbildung 7.17: Rückansicht Erdgeschoss

Die gesamten Außenwände des Erdgeschosses werden noch einmal in Abbildung 7.18 gezeigt. Hier wird besonders deutlich, dass sich das Schloss insbesondere durch seine zahlreichen Fenster von den Burgen aus dem letzten Abschnitt unterscheidet, außerdem wird die symmetrische Bauweise gut sichtbar.

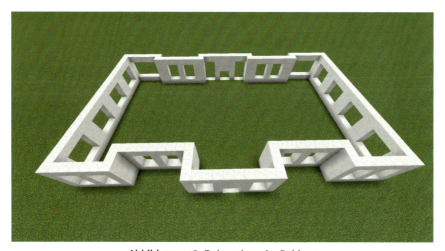

Abbildung 7.18: Erdgeschoss im Rohbau

Erster Stock

Im nächsten Schritt, der in Abbildung 7.19 gezeigt ist, soll das Schloss um ein Stockwerk erweitert werden. Bis auf den Mittelteil ist der erste Stock komplett symmetrisch zum Erdgeschoss. Der Mittelteil ist dagegen wie auf der Rückseite des Erdgeschosses gestaltet: in der Mitte die Öffnung für eine Doppeltür und links und rechts daneben bodentiefe Fenster.

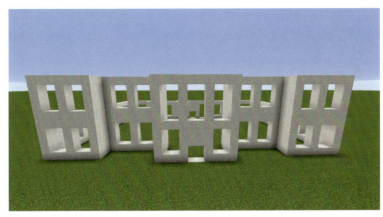

Abbildung 7.19: Front des ersten Stockes

Da die Frontwände nun fertig sind, solltest du damit beginnen, die Fenster und Türen einzusetzen. In Abbildung 7.20 bestehen die Fenster aus schwarz gefärbtem Glas, dort sind die Ränder des Glases am deutlichsten sichtbar und erinnern so an ein klassisches Sprossenfenster.

Abbildung 7.20: Fenster und Türen auf der Frontseite

Damit die Tür im ersten Stock nicht einfach ins Leere führt, solltest du dort noch einen Balkon anbringen oder auch nur einen schmalen Austritt wie in Abbildung 7.21. Dieser besteht aus umgedrehten Treppen und wie die Fassade ebenfalls aus Quarz. Außerdem finden sich auch als Überdachung über dem Balkon Treppen wieder, diesmal nach oben ausgerichtet.

Abbildung 7.21: Balkon an der Frontseite

Nun müssen natürlich noch die Seiten aufgestockt werden. Wie schon im Erdgeschoss sind die linke und rechte Seite hierbei wieder komplett symmetrisch aufgebaut und entsprechen, wie du in Abbildung 7.22 siehst, dem Erdgeschoss.

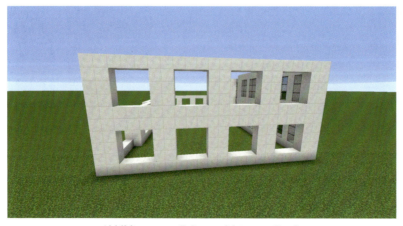

Abbildung 7.22: Seitenansicht erster Stock

7.2 Schlösser

Auch an den Seiten kommt wie in Abbildung 7.23 wieder schwarzes Glas zum Bau der Fenster zum Einsatz, um den Effekt eines Sprossenfensters zu erzielen.

Abbildung 7.23: Fenster der Seitenwand

Nun fehlt nur noch auf der Rückseite die Wand im ersten Stock. Wie die aussieht, zeigt dir Abbildung 7.24. Zwar gibt es auch hier viel Symmetrie, aber auch einige Unterschiede zum Erdgeschoss: Ganz außen befindet sich kein großes durchgehendes Fenster mehr, sondern stattdessen zwei kleinere Fenster. In der Mitte sind nun außerdem alle drei Aussparungen fünf Blöcke hoch, auch die für die Tür.

Abbildung 7.24: Rückansicht erster Stock

Warum die Aussparung in der Mitte größer ist, kannst du sofort in Abbildung 7.25 erkennen, wo die Fenster und Türen in die Wand eingesetzt wurden. Über der Tür in der Mitte im ersten Stock befinden sich Fenster, das sorgt für etwas Abwechslung in der Fassade und sorgt außerdem für zusätzliches Licht im Inneren.

Abbildung 7.25: Fenster und Türen auf der Rückseite

Dach

Da nun alle vier Seiten des Schlosses fertig sind, solltest du damit beginnen, das Dach zu bauen. Aufgrund der vielen Ausbuchtungen im Grundriss ist das gar nicht so einfach. Am besten beginnst du, indem du wie in Abbildung 7.26 zunächst einmal das Dach komplett mit Treppen aus Ziegelsteinen umrandest. Lediglich die Ausbuchtung auf der Vorderseite, in der sich der Haupteingang befindet, wird nicht umrandet.

Abbildung 7.26: Erste Reihe Ziegel für das Dach

Dieser Vorsprung bekommt stattdessen wie in Abbildung 7.27 sein eigenes kleines Dach, das später aber natürlich mit der restlichen Dachkonstruktion verbunden wird.

Abbildung 7.27: Vordach

Das gilt auch für die beiden äußeren Ausbuchtungen an der Vorderseite, auch hier kannst du wie in Abbildung 7.28 zunächst eine eigene kleine Dachkonstruktion aufbauen, die später mit dem Rest des Daches verbunden wird.

Abbildung 7.28: Seitendächer

Verbindest du die einzelnen Bestandteile und verbindest das Dach auch in der Mitte, so kann das Ergebnis wie in Abbildung 7.29 aussehen.

7 Burgen und Schlösser

Abbildung 7.29: Fertiges Dach

Außenbereich

Damit ist dein Schloss, zumindest von außen, auch eigentlich schon fertig und sieht, wie du in Abbildung 7.30 erkennst, schon recht imposant aus. Allerdings steht es noch etwas verloren in der Landschaft. Um das zu ändern, solltest du die Landschaft um dein Schloss noch etwas gestalten.

Abbildung 7.30: Fertiges Schloss

Zum Beispiel mit einem breiten Weg aus Kies, der zum Eingang deines Schlosses führt, wie in Abbildung 7.31. Eingerahmt mit Hecken, die wieder aus Laubblöcken bestehen, ist so schon der Weg zu deinem Schloss so elegant wie das Gebäude selbst.

Abbildung 7.31: Kiesweg zum Schloss

Noch eindrucksvoller wird der Blick auf dein Schloss, wenn du den Weg dorthin wie in Abbildung 7.32 zum Beispiel mit Wasserbecken verzierst oder mit einer kleinen Allee aus Bäumen. Deiner Kreativität sind wie immer keine Grenzen gesetzt.

Abbildung 7.32: Wasserbecken

Balkon

Dabei solltest du aber auf keinen Fall die Rückseite deines Schlosses vergessen, denn auch die verdient entsprechende Aufmerksamkeit. Dort fehlt zum Beispiel noch der Balkon für den ersten Stock. Wie du das änderst, zeigt dir Abbildung 7.33.

Abbildung 7.33: Balkon und Terrasse auf der Rückseite des Schlosses

Im ersten Stock befindet sich ein Balkon, der mit einem Holzzaun umrandet ist und von zwei Quarzsäulen gehalten wird. Darunter befindet sich eine große Terrasse, die von Laub-Hecken umgeben ist. So passt nun auch die Rückseite deines Schlosses zum herrschaftlichen Stil des Gebäudes.

Große Schlösser

Schon an diesem vergleichsweise kleinen Beispiel dürftest du gemerkt haben, dass der Bau großer Schlösser ein aufwendiges Unterfangen ist, das durch die filigrane Form der meisten Schlösser den Aufwand eines Burgbaus bei Weitem überschreitet. Noch extremer wird das an den Beispielen deutlich, die du im Folgenden findest.

Das Schloss in Abbildung 7.34 beeindruckt zum Beispiel nicht nur mit seiner schieren Größe, sondern auch mit einer großflächigen Glaskuppel, ebenso wie mit zwei großen Steinfiguren, die über dem Eingang thronen. Inspiration zum Bau solcher Steinfiguren kannst du dir zum Beispiel von echten Gebäuden holen oder du wirfst einen Blick ins letzte Kapitel dieses Buches, in dem es auch um den Bau von Statuen geht.

7.2 Schlösser

Abbildung 7.34: Schloss mit Glaskuppel

Eine ganz ähnliche Bauweise, allerdings mit weniger Glas, hat das Schloss in Abbildung 7.35. Auch hier befindet sich in der Mitte des Gebäudes eine große Kuppel. Außerdem ist es von einem echten Schlossgarten mit strengen, symmetrischen Formen umgeben.

Abbildung 7.35: Schloss mit Park

Einen gänzlich anderen Stil hat das Wüstenschloss in Abbildung 7.36. Es passt sich seiner Umgebung an und besteht hauptsächlich aus Sandstein. Mit seinem Mittelgang und den beiden großen Seitenschiffen erinnert es nicht nur an ein Schloss, sondern auch an einen Tempel.

7 Burgen und Schlösser

Abbildung 7.36: Wüstenschloss

Noch eindrucksvoller passt sich das Schloss in Abbildung 7.37 an seine Umgebung an. Nicht nur durch das Material, auch durch seine Bauform scheint das Schloss nahezu mit dem Felsen, auf dem es gebaut ist, zu verschmelzen. Bunte Fenster und abgerundete rote Dächer sorgen für farbliche Abwechslung und machen das Schloss zu einem kleinen Kunstwerk.

Abbildung 7.37: Felsenschloss

Kapitel 8

Auf und unter dem Wasser

Im Laufe dieses Buches hast du schon auf der Erde, unter der Erde und über Schluchten und Gewässern gebaut. In diesem Kapitel soll es nun darum gehen, auf und unter dem Wasser zu bauen. Das Leben auf oder unter dem Wasser, zum Beispiel auf einem Hausboot, bietet einen entscheidenden Vorteil im Vergleich zu einem Leben an Land: Für die meisten Monster bist du auf dem Wasser unerreichbar und kannst deine Nächte somit entspannt verbringen.

8.1 Schiffe

Der Grundriss für ein Schiff sieht etwas anders aus als der für ein Haus. Abbildung 8.1 zeigt einen Schiffsrumpf, der dir als Basis für einen Hausbau auf dem Wasser dienen kann.

Abbildung 8.1: Schiffsrumpf

Das Bauen auf und im Wasser bringt aber einige Tücken mit sich. Es ist gar nicht so einfach, den Rumpf in den Zustand wie in Abbildung 8.1 zu versetzen, nämlich frei von Wasser, da er sich teilweise unter dem Wasserspiegel befindet, sonst würde das Schiff ja am Ende auf dem Wasser schweben.

8 Auf und unter dem Wasser

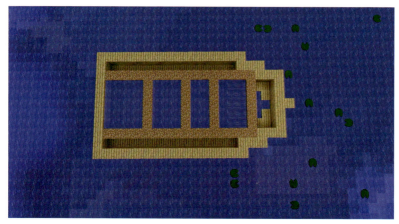

Abbildung 8.2: Trockenlegung des Rumpfes

Um das Wasser aus dem Rumpf zu entfernen, solltest du diesen zunächst bis über die Wasseroberfläche bauen und im Inneren dann mit Erdblöcken in kleine Kammern zerteilen. Aus diesen Kammern kannst du das Wasser dann mit einem Eimer Stück für Stück abschöpfen. Ohne die Unterteilung wäre die Wasserfläche zu groß und ein Abschöpfen wäre nicht möglich, da immer wieder zu viel Wasser nachfließen würde. Alternativ kannst du dafür auch Schwämme einsetzen.

Abbildung 8.3: Fertige Außenwände des Schiffes

Ist das Innere erst einmal trocken, hast du den schwersten Teil des Schiffbaus aber auch schon erledigt. Danach kannst du die Wände des Schiffes auf die gewünschte Höhe hochziehen. Das Schiff in Abbildung 8.3 zum Beispiel geht an der tiefsten Stelle drei Blöcke in das Wasser hinein und ragt zwei Blöcke hinaus.

Abbildung 8.4: Schiff mit Deck und Kajüte

Im nächsten Schritt kannst du das Schiff nun mit einem Deck belegen. Wie du in Abbildung 8.4 siehst, ist im Hintergrund bereits der Grundriss der Kajüte erkennbar, inklusive Aussparungen für eine Tür und Fenster. Durch eine Leiter kannst du außerdem eine Verbindung in den Schiffsrumpf herstellen, hier gibt es viel zusätzlichen Platz.

Abbildung 8.5: Schiff mit Reling und Treppen

Im vorletzten Bauschritt kannst du dann das Dach der Kajüte noch über zwei Treppen erreichbar machen und rund um das Schiff herum einen Zaun als Reling setzen, wie in Abbildung 8.5 gezeigt.

8 Auf und unter dem Wasser

Wer es besonders authentisch mag, kann seinem Schiff dann noch Masten aus Baumstämmen und Segel aus weißer Wolle verpassen wie in Abbildung 8.6. Fertig ist der maritime Wohnsitz.

Abbildung 8.6: Fertiges Schiff

Natürlich kannst du auch ganz andere Schiffe bauen, wie zum Beispiel die Galeere in Abbildung 8.7. Statt Masten und Segel hat diese lange Ruder an jeder Seite, die aus Zaunstücken bestehen. An der Vorderseite hat sie außerdem eine Galionsfigur.

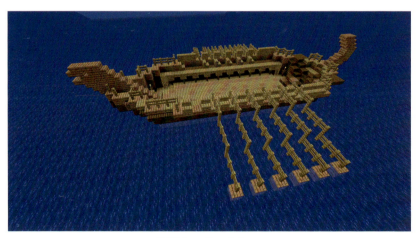

Abbildung 8.7: Galeere

Neben solch klassischen Bauweisen kannst du auch moderne Ozeanriesen bauen, wie das Kreuzfahrtschiff in Abbildung 8.8 zeigt. Die sind zwar sehr aufwendig zu bauen, bieten dafür aber auch mehr Platz als die meisten Schlösser und Burgen an Land.

Abbildung 8.8: Kreuzfahrtschiff

Gerade bei so großen Schiffen ist es wichtig, dass du darauf achtest, diese auch ausreichend, zum Beispiel mit Fackeln, auszuleuchten. Denn fehlen Lichtquellen, dann bekommst du schnell dieselben Probleme wie an Land, da auch auf deinem Schiff Monster spawnen werden.

8.2 Unter Wasser

Noch einmal etwas komplizierter als der Bau auf dem Wasser ist der Bau komplett unter Wasser, schließlich hast du hier noch mehr mit einbrechenden Wassermassen zu kämpfen. Daher ist auch hier das Trockenlegen die anspruchsvollste Aufgabe. Theoretisch könntest du wie beim Bau des Schiffes vorgehen. Eine andere Möglichkeit zeigt Abbildung 8.9. Hier wird zunächst ein massiver Block aus Erde ins Wasser gesetzt, der an jeder Seite genau einen Block länger ist als das geplante Gebäude.

8 Auf und unter dem Wasser

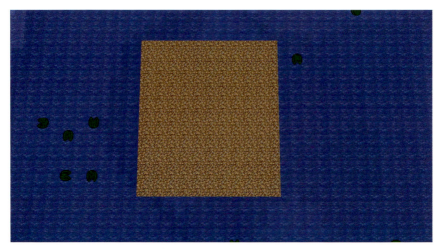

Abbildung 8.9: Erdblock im Wasser

Höhlst du den Block nun aus, sodass nur die Außenwände stehen bleiben wie in Abbildung 8.10 ist das Innere komplett trocken.

Abbildung 8.10: Ausgehöhlter Erdblock

Nun kann im Schutz der Außenwände das Haus auf dem Grund des Sees errichtet werden. Prinzipiell lassen sich unter Wasser die gleichen Materialien verarbeiten wie über dem Wasser. Wenn du dir aber schon die Mühe machst, ein Haus unter dem Wasser zu bauen, bietet sich Glas als Baustoff an, da du so später die beste Sicht hast.

8.2 Unter Wasser

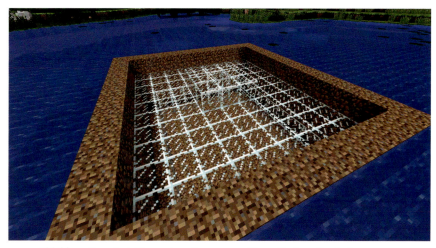

Abbildung 8.11: Errichtung eines Hauses aus Glas zwischen den Außenmauern

Abbildung 8.11 zeigt eine solche Glaskonstruktion. Du solltest dabei nicht vergessen, auch einen Zugang zu lassen, damit du später ins Innere des Hauses gelangen kannst.

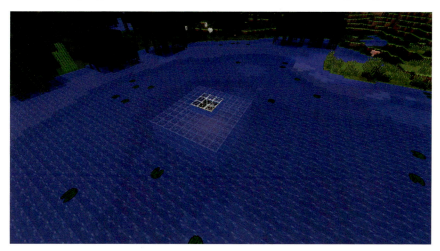

Abbildung 8.12: Haus unter Wasser

Entfernst du nun die Außenmauern, wird das Haus wie in Abbildung 8.12 komplett vom Wasser umflossen und nur noch der Zugang ragt über die Wasserfläche hinaus. Von innen sieht das Ganze dann wie in Abbildung 8.13 aus.

8 Auf und unter dem Wasser

Abbildung 8.13: Innenansicht Glashaus unter Wasser

Wer nun auch noch die letzten Spuren an der Oberfläche beseitigen möchte, der kann sein Haus mit einem Tauchzugang ausstatten, der nur über das Wasser zu erreichen ist. Dazu genügt es, einfach an einer Stelle zwei Glasblöcke aus der Wand zu hauen und den oberen Zugang abzubauen. Abbildung 8.14 zeigt einen Tauchzugang.

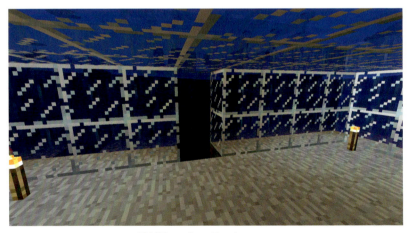

Abbildung 8.14: Tauchzugang

In der Nacht ist ein Haus aus Glas, das sich komplett im Wasser befindet, übrigens ein besonderer Blickfang, besonders von außen, wie Abbildung 8.15 zeigt.

8.2 Unter Wasser

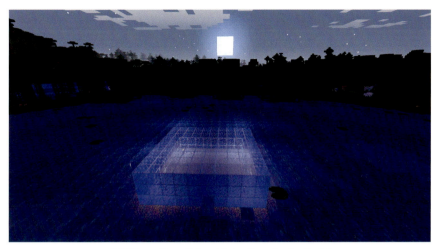

Abbildung 8.15: Beleuchtetes Haus in der Nacht

Dass sich der Bau unter Wasser und der Bau von Schiffen nicht immer ausschließen müssen, zeigt dir Abbildung 8.16. Dort siehst du ein gesunkenes Schiffswrack am Meeresgrund. Im Inneren kannst du wertvolle Gegenstände vor den Blicken anderer neugieriger Spieler schützen.

Abbildung 8.16: Gesunkenes Schiffswrack

8.3 Leuchtturm

Weder auf noch unter, dafür aber am Wasser gebaut werden üblicherweise Leuchttürme. Ein Beispiel, wie so ein Leuchtturm in Minecraft aussehen kann, findest du in Abbildung 8.17.

Abbildung 8.17: Leuchtturm

Neben der Höhe ist das wichtigste Merkmal eines Leuchtturms natürlich seine Lichtquelle. Der Turm in Abbildung 8.17 verwendet dafür gleich 36 Seelaternen, diese sorgen auch in tiefster Nacht für ein helles Licht. Umgeben sind die Seelaternen von einer schützenden Schicht aus Glasblöcken in der Spitze des Turms.

Gerade wenn du Gebäude komplett unter Wasser errichtest, kann dir ein solcher Leuchtturm auch einfach als Landmarke dienen, der dir hilft, deine Unterwasserbauten wiederzufinden, denn häufig sind diese von der Oberfläche nur schwer zu sehen, wenn sie entsprechend tief im Meer liegen.

Kapitel 9

In der Luft und in den Bäumen

Nach dem Ausflug in die Tiefe im letzten Kapitel geht es nun noch einmal hoch hinaus – im wahrsten Sinne des Wortes in die Luft. Denn nicht nur Wasser, sondern auch große Höhen geben einen gewissen Schutz vor feindlichen Kreaturen.

9.1 Baumhäuser

Genauer ausgedrückt geht es zuerst in die Wipfel der Bäume. Als Nächstes soll ein Baumhaus her. Wichtigste Voraussetzung dafür ist natürlich zunächst ein passender Baum, in dem das Baumhaus gebaut werden kann.

Abbildung 9.1: Dschungel-Biom

Am besten eignen sich Baumhäuser für Dschungel-Landschaften wie in Abbildung 9.1. Und das nicht nur, weil es dort riesige Bäume gibt, die eine gute Basis für den Bau bie-

9 In der Luft und in den Bäumen

ten, sondern auch, weil die Vegetation hier so dicht ist, dass am Boden meist gar nicht genug Platz für den Bau größerer Gebäude ist. Außerdem haben die mit Ranken bewachsenen Dschungelbäume den Vorteil, dass man sie ganz ohne Leiter, nur mithilfe der Ranken, erklimmen kann.

Auf hohen Bäumen bist du zwar meist vor Creepern, Zombies und Skeletten sicher, allerdings solltest du dich dafür vor Spinnen in Acht nehmen, die auch die höchsten Bäume mit Leichtigkeit erklimmen können.

Schritt für Schritt

Plattform

Zunächst muss eine Plattform her, auf der das spätere Baumhaus stehen kann. Dazu kannst du entweder wie in Abbildung 9.2 eine Plattform um den Stamm herum bauen, in diesem Fall sieben Blöcke in jede Richtung, oder du kannst eine Plattform ganz oben auf die Krone des Baumes setzen oder aber du entfernst in der Mitte ein Stück des Stammes und baust die Plattform darauf.

Abbildung 9.2: Plattform für die Entstehung des Baumhauses

Geländer

Egal, für welche Bauart du dich entscheidest, eine Umrandung der Plattform mit einem Zaun wie in Abbildung 9.3 ist ein sinnvoller nächster Schritt, da ein Sturz von der Plattform bei der Höhe der Dschungelbäume schnell tödlich sein kann. Außerdem sind in Abbildung 9.3 bereits die ersten Wände des Baumhauses zu sehen und der durch den Abstand zum Zaun entstehende umlaufende Balkon mit einer Breite von zwei Blöcken.

9.1 Baumhäuser

Abbildung 9.3: Umrandung der Plattform und Wände des Baumhauses

Stockwerke

Je nach Wunsch und Platzbedarf kannst du noch zusätzliche Stockwerke wie in Abbildung 9.4 auf das Baumhaus setzen, die du dann ebenfalls bequem über die Ranken am Stamm erreichen kannst. Ist das Baumhaus erst einmal fertig eingerichtet, kannst du den wunderschönen Blick auf den Sonnenuntergang genießen.

Abbildung 9.4: Baumhaus im Rohbau mit zweiter Etage

9 In der Luft und in den Bäumen

Abbildung 9.5: Fertiges Baumhaus im Sonnenuntergang

Erweiterungsbauten und Hängebrücke

Und sollte der Platz in der Baumbehausung mit der Zeit doch zu knapp werden, kannst du umstehende Bäume für Erweiterungsbauten nutzen und dann per Hängebrücke, bestehend aus Treppen, Stufen und Zäunen wie in Abbildung 9.6, verbinden. So kann mit der Zeit ein ganzes Dorf in den Wipfeln der Bäume entstehen.

Abbildung 9.6: Per Hängebrücke verbundene Baumhäuser

Alternative Baumhäuser

Eine ganz andere Interpretation eines Baumhauses findest du in Abbildung 9.7. Hier befindet sich das Haus nämlich nicht in der Krone des Baumes, sondern im Wurzelwerk.

Abbildung 9.7: Alternatives Baumhaus

Dort musst du zwar auf spektakuläre Ausblicke wie in Abbildung 9.5 verzichten, dafür hast du am Boden mehr Platz für die Gestaltung des Innenraums deines Baumhauses und kannst den Baum wie in Abbildung 9.8 mit deiner Innenarchitektur verschmelzen.

Abbildung 9.8: Innenraum des alternativen Baumhauses

9 In der Luft und in den Bäumen

Durch Lampen, die in der Krone des Baumes angebracht sind, und dem Lichtschein aus dem Innenraum wird das Baumhaus in der Nacht, wie in Abbildung 9.9, selbst zum echten Blickfang und entschädigt für den fehlenden Ausblick aus dem Inneren.

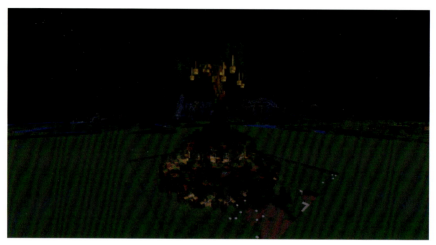

Abbildung 9.9: Alternatives Baumhaus in der Nacht

9.2 Bauen in der Luft
Schritt für Schritt

Noch höher hinaus als in die Wipfel der Bäume geht es in diesem Abschnitt. Einfach in der Luft bauen, das funktioniert selbst in Minecraft nicht.

Hilfskonstruktion

Um einen Block platzieren zu können, brauchst du immer die Verbindung zu einem anderen Block. Wenn du in den Himmel bauen möchtest, musst du dir daher zunächst eine Hilfskonstruktion erstellen, zum Beispiel wie in Abbildung 9.10 aus Erdblöcken.

Die Hilfskonstruktion solltest du später wieder komplett abbauen. Jetzt kannst du sie aber zuerst einmal benutzen, um wie in Abbildung 9.11 eine Plattform zu bauen, auf die du später zum Beispiel ein Haus stellen könntest. Die Plattform in Abbildung 9.11 besteht aus Bruchstein. Wenn du stattdessen Quarz benutzt, wird deine Plattform komplett weiß und sieht von unten wie eine Wolke aus. Das bietet zusätzliche Sicherheit.

9.2 Bauen in der Luft

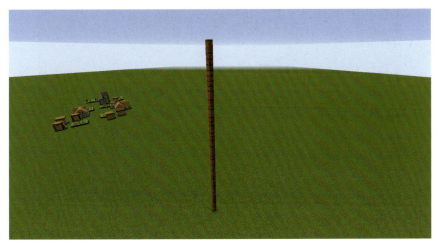

Abbildung 9.10: Hilfskonstruktion

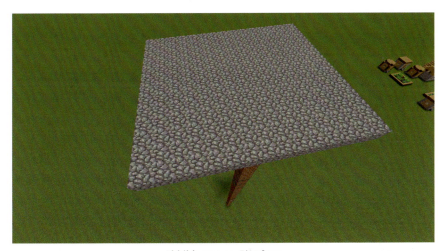

Abbildung 9.11: Plattform

Sicherheit

Ganz wichtig ist deine Sicherheit beim Bauen. Du solltest deine Plattform unbedingt mit einer Mauer oder wie in Abbildung 9.12 mit einem Zaun am Rand sichern, um Unglücke zu vermeiden, denn ein Sturz aus dieser Höhe ist immer tödlich.

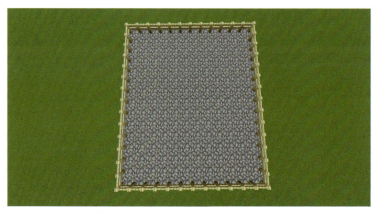

Abbildung 9.12: Zaun zur Sicherung der Plattform

Gebäude

Auf der so errichteten Plattform kannst du nun ein beliebiges Gebäude bauen. Da Platz in dieser Höhe ein knappes Gut ist, sind in Abbildung 9.13 die Außenwände eines kleinen Unterschlupfes zu sehen. Auf Türen darfst du in dieser Höhe getrost verzichten, mit Monstern ist hier nicht zu rechnen.

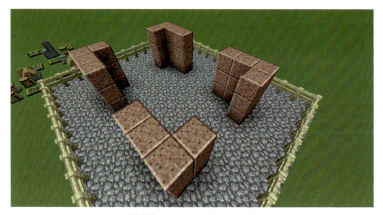

Abbildung 9.13: Außenwände

Dachterrasse

Für eine gute Aussicht und eine optimale Platznutzung sorgt eine Dachterrasse auf dem Unterschlupf, wie du in Abbildung 9.14 siehst. Auch hier sorgt ein Zaun am Rand für zusätzliche Sicherheit in der Höhe.

9.2 Bauen in der Luft

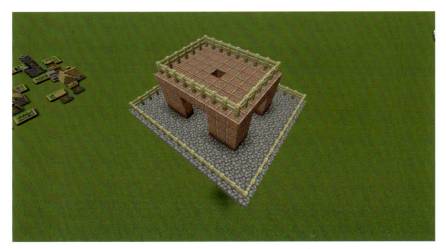

Abbildung 9.14: Fertiger Unterschlupf mit Dachterrasse

Zugang

An dieser Stelle fragst du dich vielleicht langsam, wie du überhaupt vom Boden auf diese Plattform gelangen sollst oder auch nur auf die Dachterrasse. Hier kommt nun ein besonderer Trick zum Einsatz. Für den brauchst du zunächst zwei Löcher. Eines auf dem Dach deines Unterschlupfes, das siehst du schon in Abbildung 9.14, und noch einmal genau darunter auch ein Loch in der Plattform, wie in Abbildung 9.15 gezeigt.

Abbildung 9.15: Unterschlupf mit Löchern

9 In der Luft und in den Bäumen

Im Loch auf dem Dach positionierst du dann wie in Abbildung 9.16 eine Falltür und schließt diese.

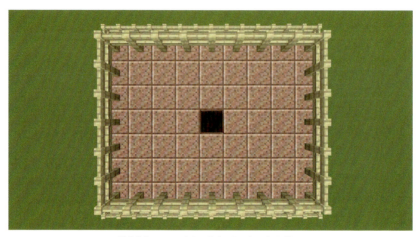

Abbildung 9.16: Loch im Dach mit Falltür

Auf diese Falltür kommt dann wie in Abbildung 9.17 ein Block Wasser. Das Wasser wird durch die Falltür auf dem Dach gehalten.

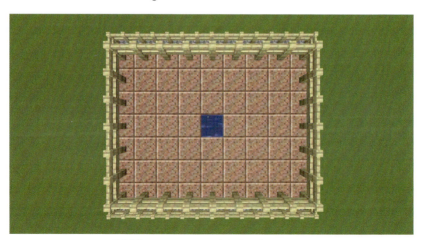

Abbildung 9.17: Wasserblock auf der Falltür

Von unten, in deinem Unterschlupf, siehst du bei geschlossener Falltür nur einzelne Tropfen aus der Falltür kommen wie in Abbildung 9.18.

9.2 Bauen in der Luft

Abbildung 9.18: Geschlossene Falltür mit Wasser

Sobald du die Falltür aber öffnest, fließen die Wassermassen durch das Loch in der Plattform, wie du in Abbildung 9.19 siehst, zum Boden. Nun kannst du dich ganz einfach durch das Wasser hinuntergleiten lassen und später auch wieder im Wasserstrahl nach oben schwimmen.

Abbildung 9.19: Wasserfluss bei geöffneter Falltür

Und zwar entweder bis in deine Unterkunft oder gleich bis auf die Dachterrasse, indem du auch noch das letzte Stück, das du in Abbildung 9.20 siehst, nach oben schwimmst. Sobald du oben angelangt bist, kannst du die Falltür schließen und so kann garantiert niemand von unten auf die Plattform kommen und du bist in Sicherheit.

9 In der Luft und in den Bäumen

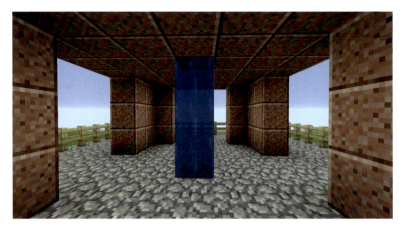

Abbildung 9.20: Wasserfluss im Inneren

Übrigens, wenn du auf Nummer sicher gehen möchtest, solltest du noch eine zweite Falltür anbringen, mit der du das Loch in der Plattform verschließen kannst. So kannst du sicher sein, dass du nicht durch einen unachtsamen Schritt doch zu Boden stürzt, solange die obere Falltür geschlossen ist und somit der Wasserfluss unterbrochen ist.

Mit der in Abbildung 9.10 gezeigten Hilfskonstruktion kannst du natürlich auch beliebige andere Bauwerke in die Luft bauen, wie zum Beispiel ein Flugzeug oder, etwas klassischer, einen Heißluftballon, wie den in Abbildung 9.21 gezeigten. Der Ballon besteht hier aus Wollblöcken und die Schnüre, die den Ballon umspannen, sind aus Holzzäunen gebaut.

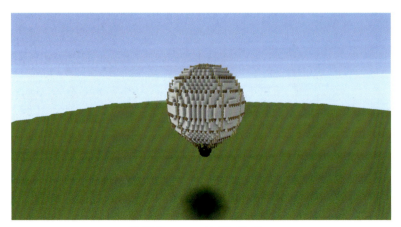

Abbildung 9.21: Heißluftballon

Kapitel 10

Verteidigungsanlagen

Am Tag sieht die Welt von Minecraft friedlich aus, aber spätestens, wenn es dunkel wird, verwandelt sie sich in einen gefährlichen Ort. Monster aller Art trachten dir nach deinem Leben und beinahe jeder Spieler kennt das unheilvolle Geräusch, wenn sich ein Creeper direkt neben seinem gerade fertiggestellten Bau in die Luft sprengt. Um das zu verhindern, gibt es Türen, Mauern und Fackeln, aber manchmal ist das einfach nicht genug. In genau diesen Fällen, wenn normale Schutzmechanismen nicht mehr ausreichen, helfen die Verteidigungsanlagen in diesem Kapitel.

10.1 Mauern

Keine Angst, eine normale Mauer, wie du sie Abbildung 10.1 siehst und natürlich schon zur Genüge kennst, ist noch nicht der besondere Trick zur Verteidigung deines Landes.

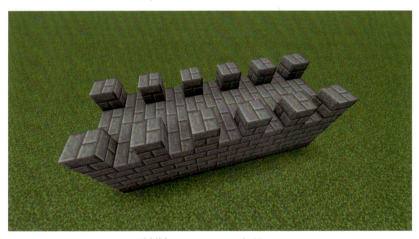

Abbildung 10.1: Normale Mauer

Allerdings kannst du eine solche Mauer mit einigen wenigen Handgriffen zur gefährlichen Verteidigungsanlage ausbauen. Alles, was du dafür tun musst, ist, wie in Abbildung 10.2 eine Rinne in deine Mauer zu schlagen.

10 Verteidigungsanlagen

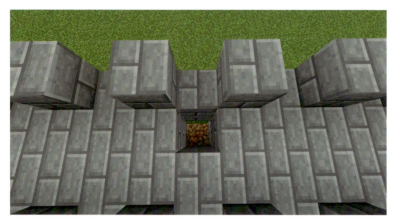

Abbildung 10.2: Rinne in Mauer

Ein Loch in eine Mauer hauen, um besser geschützt zu sein, das klingt im ersten Moment wahrscheinlich etwas kontraproduktiv. Aber keine Angst, da die Mauer hoch genug ist, können keine Monster durch das Loch nach oben gelangen. Dafür können durch das Loch aber Flüssigkeiten nach unten gelangen. Befindet sich ein Gegner an deiner Mauer und versucht er, diese zu überwinden oder zu zerstören, könntest du nun einfach von oben heiße Lava durch die Rinne nach unten gießen. Diese verteilt sich, wie du in Abbildung 10.3 erkennst, vor der Mauer.

Abbildung 10.3: Lavastrom vor Mauer

Die Spinne ist ein gefährliches Tier in Minecraft, das sich völlig unbeeindruckt von Mauern zeigt. Denn sie kann einfach über Mauern hinüberklettern. Allerdings kannst du deine

10.1 Mauern

Mauern mit einem überraschend einfachen Mittel spinnensicher machen. Wie genau, das siehst du in Abbildung 10.4. Umgedrehte Treppen sorgen dafür, dass die Spinnen die Wand nicht mehr hochkommen, und können dich so vor nächtlichen Angriffen schützen.

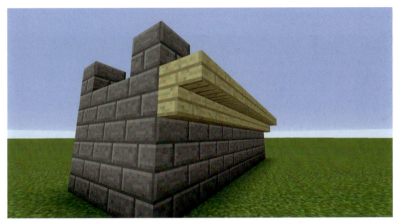

Abbildung 10.4: Mauer mit Spinnenschutz

Schützende Mauern sind gut und schön, du solltest aber nicht vergessen, dass du trotzdem an mindestens einer Stelle auch aus deiner eigenen Mauer herauskommen musst. Der klassische Weg wäre, einfach eine Tür in der Mauer zu verbauen, aber für die klassischen Wege sind wir nicht hier. Als Alternative kannst du deine Mauer einfach wie in Abbildung 10.5 durchbrechen und darunter eine Grube ausheben.

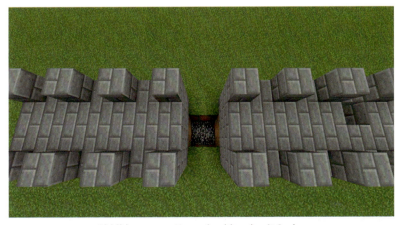

Abbildung 10.5: Mauerdurchbruch mit Grube

Das alleine reicht allerdings noch nicht, denn jetzt stehst du wieder vor dem Problem, dass auch du die Grube nicht überwinden kannst. Die Lösung für dieses Problem kommt in Form von Wasser. Das platzierst du wie in Abbildung 10.6 oben auf der Mauer und umrandest es mit zusätzlichen Blöcken, sodass das Wasser nur direkt nach unten in die Grube fließt, und nicht zur Seite weg.

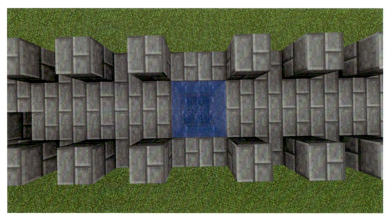

Abbildung 10.6: Wassertor von oben

Auf diese Weise entsteht ein Tor aus Wasser, wie du gut in Abbildung 10.7 siehst. Du kannst das Tor durchqueren, indem du einfach zur anderen Seite durchschwimmst. Monster dagegen sind nicht so schlau und werden von der Strömung nach unten in die Grube gedrückt und können von dort nicht mehr entkommen. Sicherheit dank Wasser.

Abbildung 10.7: Wassertor von der Seite

10.2 Wasserfalle

Überhaupt ist Wasser ein sehr geeignetes Mittel, um Monstern oder auch anderen Spielern Fallen zu stellen. Eine verblüffend einfache Falle lässt sich mit vier Türen und einer Druckplatte bauen. Sie ist allerdings auch nur gegen unerfahrenere Spieler effektiv. Ein erfahrener Spieler wird die Falle sofort durchschauen und nicht hineinlaufen.

Abbildung 10.8: Anordnung der Türen

Zum Bau der Falle müssen zunächst vier Türen wie in Abbildung 10.8 um eine Druckplatte positioniert werden.

Abbildung 10.9: Wasser über den Türen

10 Verteidigungsanlagen

Über der Mitte der Falle wird dann Wasser platziert. Um das Wasser können wie in Abbildung 10.9 zum Beispiel Steinblöcke platziert werden. Wichtig ist, dass direkt über dem Wasser am Ende auch ein Steinblock platziert wird, da Gegner sonst aus der Falle entkommen können.

Abbildung 10.10: Fertige Tür-Falle

Damit ist die Falle auch schon fertig. Läuft nun ein neugieriger Spieler auf die Falle zu und begibt sich in die Mitte, so schließen sich alle Türen und es gibt kein Entkommen mehr, der Spieler ist wie in Abbildung 10.11 im Wasser gefangen.

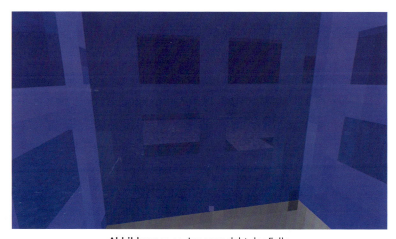

Abbildung 10.11: Innenansicht der Falle

10.3 TNT-Fallen

Wasser, das klingt noch relativ harmlos, bei TNT sollten dagegen sofort alle Alarmglocken schrillen. TNT ist die schnellste und gleichzeitig brachialste Möglichkeit, eine Falle zu bauen. Du könntest zum Beispiel einfach TNT direkt unter einer Druckplatte platzieren und warten, bis ein Spieler darüberläuft. Da es aber ein paar Sekunden dauert, bis das TNT explodiert, ist es sinnvoll, sich etwas ausgeklügeltere Fallen auszudenken, damit der Gegner nicht einfach davonläuft, bevor das TNT explodiert.

Schacht-Falle

Um das zu vermeiden, sollte deine Falle vor allem unauffällig sein. Würdest du zum Beispiel in Abbildung 10.12 die versteckte TNT-Falle finden? Sieht doch eigentlich alles ziemlich normal aus.

Abbildung 10.12: Versteckte Schacht-Falle

Wenn du aber die Druckplatte und den Sandblock wie in Abbildung 10.13 entfernst, stößt du auf einen versteckten TNT-Block. Und das ist noch nicht einmal das ganze Geheimnis dieser Falle.

Entfernt man nämlich auch noch den TNT-Block wie in Abbildung 10.14, kommt darunter ein tiefer Schacht zum Vorschein. Der Trick der Falle: Die Druckplatte wirkt auf den ersten Blick wie ein ganz normaler Türöffner. Sobald man aber auf die Druckplatte steigt, wird der TNT-Block aktiviert und fällt herunter. Da der Sandblock von alleine nicht hält, fällt er samt Druckplatte und Spieler in die Tiefe. Am Boden des Schachtes findet sich der Spieler dann auf einem TNT-Block wieder, ohne eine Möglichkeit, wegzulaufen. Die Falle hat zugeschnappt.

10 Verteidigungsanlagen

Abbildung 10.13: TNT-Block vor der Tür

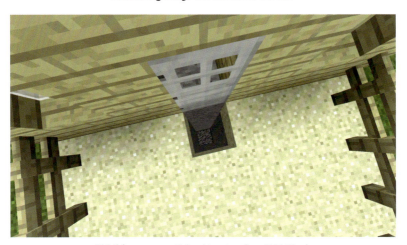

Abbildung 10.14: Schacht unter dem TNT-Block

Baum-Falle

Während sich die gerade vorgestellte Schacht-Falle zum Fangen von Spielern und Monstern eignet, ist die nun folgende Baum-Falle nur für Spieler gedacht. Abbildung 10.15 zeigt den Querschnitt der Falle: Am unteren Ende eines Baumstammes wird ein Hebel angebracht. Einen Block darunter wird eine Druckplatte platziert, die von zwei oder auch vier TNT-Blöcken umgeben wird.

Abbildung 10.15: Querschnitt der Baum-Falle

Mit Erde bedeckt sieht die Baum-Falle wie ein harmloser Baum aus, wie Abbildung 10.16 zeigt. Versucht ein Spieler aber, den Baum zu fällen, und entfernt den unteren Block des Stammes, so fällt der Hebel auf die Druckplatte und löst damit das TNT aus.

Abbildung 10.16: Baum-Falle

Diamant-Falle für Höhlen

Wenn du eine Falle in einer Höhle bauen willst, statt in einem Haus, eignet sich die Diamant-Falle besonders. Von vorne sieht sie, wie Abbildung 10.17 zeigt, völlig harmlos aus.

10 Verteidigungsanlagen

Man erkennt nur einen Block Diamant. Trotz ihres Namens kann die Diamant-Falle übrigens auch aus Gold oder einem ähnlichen Block bestehen, nur selten sollte er sein, damit deine Mitspieler auch sicher angezogen werden.

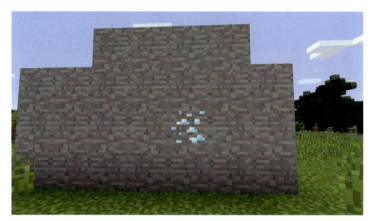

Abbildung 10.17: Diamant-Falle von vorne

Erst auf ihrer Rückseite offenbart sie ihre Gefährlichkeit, wie du in Abbildung 10.18 erkennst. Am Diamant-Block ist eine Redstone-Fackel befestigt, über der wiederum als Nicht-Schaltung eine weitere Redstone-Fackel platziert ist, die von TNT umgeben ist. Sobald der Diamant-Block von einem Spieler aus der Wand geschlagen wird, fällt die Fackel am Block herunter und die darüber befindliche Fackel wird aktiviert und damit auch die TNT-Blöcke, die dann explodieren.

Abbildung 10.18: Rückseite der Diamant-Falle

10.4 Kanonen

Alle Verteidigungsanlagen, die du bisher in diesem Kapitel gebaut hast, warten darauf, dass der Gegner angreift, und helfen dabei, seine Angriffe abzuwehren. In diesem Abschnitt soll es nun um handfestere Verteidigungsanlagen gehen, um genauer zu sein, um Kanonen. Mit diesen mächtigen Waffen kannst du den Gegner schon aus der Ferne angreifen, bevor er dir auch nur nahe kommt.

Funktionsweise

Bevor wir damit beginnen, Kanonen in verschiedenen Größen zu bauen, wollen wir uns die generelle Funktionsweise von Kanonen in Minecraft anschauen. Zunächst einmal arbeiten alle Kanonen mit TNT, weshalb sie manchmal auch TNT-Kanonen genannt werden. Neben dem eigentlichen TNT-Geschoss verwenden die Kanonen auch TNT-Blöcke als sogenannte Treibladung. Diese explodiert zuerst und befördert das Geschoss damit von der Kanone weg in Richtung des Ziels. Je mehr Blöcke als Treibladung eingesetzt werden, desto weiter fliegt das Geschoss.

Abbildung 10.19: Werfer für die Treibladung

Die Schwierigkeit ist dabei, dafür zu sorgen, dass die Treibladung zwar das Geschoss wegkatapultiert, aber nicht gleichzeitig auch die Kanone in ihre Einzelteile zerlegt. Um das zu verhindern, solltest du dir eine besondere Eigenschaft von TNT-Blöcken zunutze machen. Wenn diese nämlich im Wasser explodieren, stoßen sie zwar wie normal eine Druckwelle aus, zerstören aber die umliegenden Blöcke nicht. Deshalb muss vor dem Werfer für die Treibladung wie in Abbildung 10.19 stets Wasser sein. Der Zaun sorgt später dafür, dass das Geschoss nach oben katapultiert wird und nicht nur flach nach vorne weggeschoben wird.

10 Verteidigungsanlagen

Abbildung 10.20: Werfer für das Geschoss

Der Werfer für das eigentliche Geschoss wird dann wie in Abbildung 10.20 platziert. Außerdem wird an die Rückseite des Werfers für die Treibladung ein Knopf angebracht, mit dem die Kanone später ausgelöst werden kann. Die Nicht-Schaltung darauf sorgt dafür, dass das Geschoss mit einiger Verzögerung zur Treibladung gezündet wird. Zum Schluss müssen die beiden Werfer nur noch mit jeweils einem TNT-Block beladen werden.

> **Vorsicht**
>
> Die Kanone darfst du erst dann mit TNT-Blöcken beladen, wenn du die Redstone-Fackel auf der Rückseite angebracht hast. Belädst du die Werfer vorher, wird die Kanone beim Anbringen der Fackel explodieren.

Wird die Kanone nun gezündet, so wird zunächst die Treibladung geworfen und kurz danach das Geschoss, das dann, wie du in Abbildung 10.21 erkennst, vor der Treibladung liegt.

10.4 Kanonen

Abbildung 10.21: Gezündete Kanone

Abbildung 10.22: Fliegendes Geschoss

Da die Treibladung zuerst aktiviert wurde, explodiert sie auch vor dem Geschoss. Da die Explosion im Wasser stattfindet, werden die Blöcke in der Umgebung zwar nicht zerstört, die Druckwelle sorgt aber dafür, dass das Geschoss wie in Abbildung 10.22 wegkatapultiert wird, bis es kurz darauf explodiert.

10 Verteidigungsanlagen

Abbildung 10.23: Explodierendes Geschoss

Kleine Kanone

Damit hast du deine erste Kanone fertig gebaut. Die ist allerdings noch so schwach, dass sie uns selbst für die »kleine Kanone« zu klein ist. Für das kleine Kanonen-Modell soll die Reichweite noch etwas erhöht werden. Das erreichst du, indem du die Treibladung vergrößerst.

Abbildung 10.24: Zwei zusätzliche Werfer für Treibladung

Dazu kannst du, wie in Abbildung 10.24 zwei zusätzliche Werfer an den Seiten der Kanone platzieren. Statt eines TNT-Blocks werden so zukünftig drei TNT-Blöcke als Treibladung fungieren.

Abbildung 10.25: Anschluss der zusätzlichen Werfer

Damit alle drei Werfer ihre Treibladung zur gleichen Zeit zünden, musst du sie noch wie in Abbildung 10.25 miteinander verbinden.

Abbildung 10.26: Explodierendes Geschoss aus der kleinen Kanone

Wie du in Abbildung 10.26 deutlich erkennst, fliegt das Geschoss dank erhöhter Treibladung nun deutlich höher und weiter.

Mittlere Kanone

Wenn du die Reichweite deiner Kanone noch weiter erhöhen möchtest, musst du die Treibladung weiter vergrößern. Die mittlere Kanone unterscheidet sich im Aufbau etwas von der kleineren Version. Außerdem verwendet sie fünf statt drei TNT-Blöcke als Treibladung.

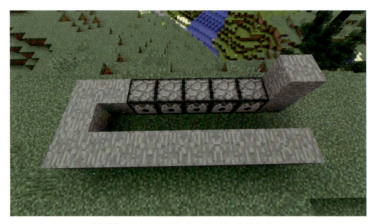

Abbildung 10.27: Werfer für die Treibladung

Abbildung 10.27 zeigt die Anordnung der Werfer für die Treibladung. Am vorderen Ende der Kanone musst du nun noch den Werfer für das Geschoss platzieren und alles wie in Abbildung 10.28 miteinander verbinden.

Abbildung 10.28: Anschluss der Werfer

10.4 Kanonen

Im Unterschied zur kleinen Kanone, die alle Treibladungen an demselben Punkt platziert, werden die Treibladungen bei der mittleren Kanone aus Platzgründen hintereinander platziert. Damit sie trotzdem ihre volle Wirkung entfalten können, müssen sie aber alle direkt hinter dem Geschoss explodieren.

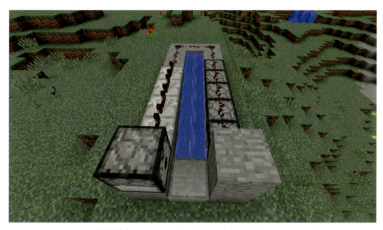

Abbildung 10.29: Fertige mittlere Kanone

Um das zu erreichen, wird wie in Abbildung 10.29 Wasser eingesetzt, das alle Treibladungen vor der Detonation nach vorne spült. In Abbildung 10.30 ist zu sehen, wie die Kanone kurz vor dem Abschuss aussieht. Die Treibladungen wurden nach vorne gespült und das Geschoss bereits platziert.

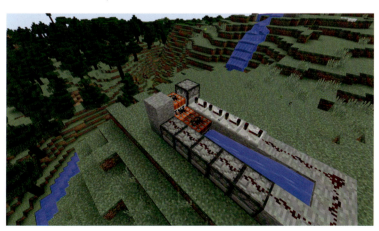

Abbildung 10.30: Mittlere Kanone kurz vor dem Abschuss

In Abbildung 10.29 siehst du außerdem, dass das Geschoss diesmal nicht auf einem Zaun, sondern auf einer Stufe platziert wurde. Dadurch wird die Flugbahn des Geschosses zwar flacher, dafür fliegt es aber auch weiter.

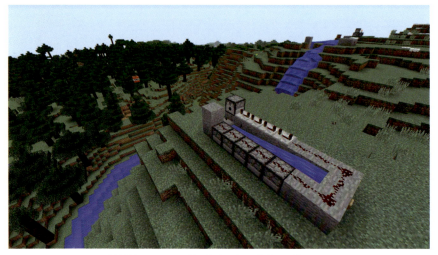

Abbildung 10.31: Flugbahn der mittleren Kanone

Wenn du Abbildung 10.31 mit Abbildung 10.22 vergleichst, erkennst du die flachere Flugbahn gut. Eine steile Flugbahn eignet sich gut, um Gebäude anzugreifen oder Gegner, die sich auf einer erhöhten Position befinden. Gegner, die direkt auf dich zulaufen, triffst du dagegen besser mit einer flachen Flugbahn.

Große Kanone

Zum Abschluss des Kapitels über Kanonen wollen wir uns noch ein besonders mächtiges Modell anschauen. Dabei sind es weniger die Maße, die die »große Kanone« ausmachen, sondern vielmehr ihre Feuerkraft. Es kommen nicht nur zehn Blöcke TNT als Treibladung zum Einsatz, sondern es werden auch gleich zwei Geschosse auf einmal abgefeuert. Das bedeutet, für jeden Schuss benötigt die große Kanone zwölf Blöcke TNT. Deshalb solltest du dir schon vor dem Bau überlegen, ob du überhaupt genug Munition zur Verfügung hast, und im Zweifel lieber auf eines der kleineren Modelle zurückgreifen.

Auch diesmal wollen wir mit der Platzierung der Werfer für die Treibladung beginnen. Abbildung 10.32 zeigt die Position der ersten sechs Werfer. Da wir insgesamt eine Treibladung von zehn Blöcken TNT haben wollen, werden vier weitere Werfer über Kopf wie in Abbildung 10.33 platziert.

10.4 Kanonen

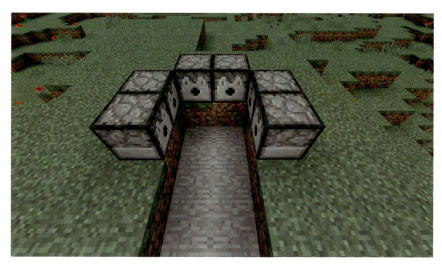

Abbildung 10.32: Werfer für die Treibladung

Abbildung 10.33: Zusätzliche Werfer für Treibladung

Auch bei dieser Kanone sorgt wieder Wasser dafür, dass die Treibladung zwar explodiert, aber nicht die umliegenden Blöcke zerstört. Da wir zwei Geschosse gleichzeitig abfeuern wollen, benötigen wir diesmal auch zwei Werfer für die Geschosse, wie Abbildung 10.34 zeigt.

10 Verteidigungsanlagen

Abbildung 10.34: Werfer für die beiden Geschosse

Nun müssen die Werfer für die Treibladungen noch mit einem Knopf zum Auslösen verbunden werden. Wie das funktioniert, ist in Abbildung 10.35 zu sehen.

Abbildung 10.35: Anbindung der Werfer für die Treibladung

Die Werfer für die Geschosse werden wie bereits zuvor zeitverzögert ausgelöst und deshalb mithilfe von Redstone-Verstärkern mit eingestellter Verzögerung mit dem Auslöser verbunden, wie Abbildung 10.36 zeigt.

10.4 Kanonen

Abbildung 10.36: Anbindung der Werfer für die Geschosse

Damit ist die große Kanone fertig gebaut und, nachdem du sie mit ausreichend TNT beladen hast, auch einsatzbereit. Abbildung 10.37 zeigt die mächtige Explosion der Treibladung sowie das fliegende Doppelgeschoss. Gegen diese mächtige Waffe haben deine Gegner garantiert keine Chance mehr!

Abbildung 10.37: Schuss aus der großen Kanone

Kapitel 11

Statuen und Monumente

Alle Gebäude, die du in den vorangegangenen zehn Kapiteln kennengelernt hast, hatten auf die ein oder andere Art einen praktischen Nutzen. Manche mehr, manche weniger. Während Brücken helfen, Schluchten zu überqueren, helfen die Häuser dabei, die Nacht sicher zu verbringen. Selbst die aufwendig gestalteten Schlösser haben als nächtlicher Schlafplatz und möglicher Stauraum auch eine Funktion.

Das wird sich in diesem Kapitel allerdings ändern. Zum Abschluss dieses Buches wird es noch einmal spektakulär, du wirst Bauwerke kennenlernen, deren einziger Zweck es ist, ihren Betrachter zu beeindrucken.

11.1 Statuen

Den Anfang sollen Statuen machen. Diese können die unterschiedlichsten Größen und Formen annehmen. Einige hast du schon beim Bau großer Paläste kennengelernt, dort finden sich häufig Tier-Statuen, aber auch Statuen von Menschen kannst du in Minecraft problemlos bauen.

Steve

Als Vorbild dient dabei zunächst Steve. Das ist, wie du vielleicht weißt, der Spitzname für den Standard-Minecraft-Charakter, den du in Abbildung 11.1 findest. Neben seinem kantigen Aussehen ist er für seine blaue Hose und sein türkises T-Shirt bekannt.

Beginnen solltest du allerdings mit Steves Schuhen, die aus einer Reihe grauer Steinblöcke bestehen. Darüber kannst du dann wie in Abbildung 11.2 mit blauen Betonblöcken seine Hose bauen. Wie hoch du diese baust, ist dir dabei selbst überlassen, je nachdem wie groß die fertige Steve-Statue werden soll.

11 Statuen und Monumente

Abbildung 11.1: Steve

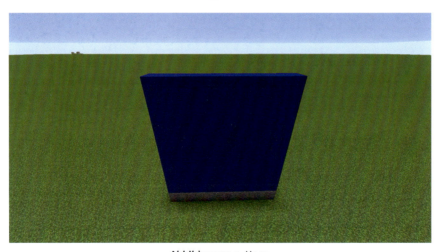

Abbildung 11.2: Hose

Im zweiten Schritt kannst du Steve dann sein T-Shirt anziehen, das besteht aus türkisen Betonblöcken, die in T-Form auf der Hose platziert werden. Damit die Proportionen stimmen, solltest du darauf achten, dass die Arme des T-Shirts schmaler werden als die Beine, wie du auch in Abbildung 11.3 siehst.

11.1 Statuen

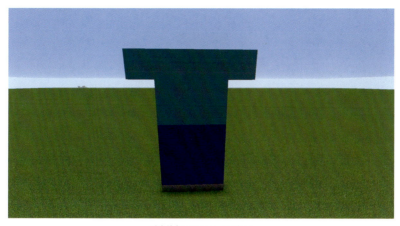

Abbildung 11.3: T-Shirt

Danach solltest du die Arme selbst am T-Shirt platzieren. In Abbildung 11.4 bestehen diese aus poliertem Granit. Die Arme sollten etwas länger sein als das T-Shirt und bis über den Anfang der Hose hinausgehen.

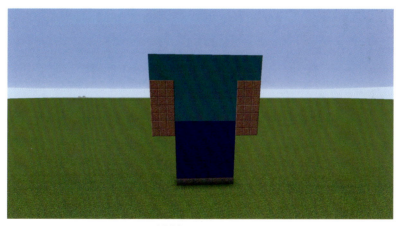

Abbildung 11.4: Arme

Danach fehlt dir zum fertigen Steve nur noch der Kopf. Während der gesamte Körper flach ist, ragt der Kopf nach vorne und hinten ein bis zwei Blöcke über den restlichen Körper hinaus. Für das Gesicht wurde in Abbildung 11.5 ebenfalls polierter Granit verwendet. Die Augen bestehen aus je einem blauen und einem weißen Betonblock, Mund und Haare bestehen aus dunklen Holzbrettern.

11 Statuen und Monumente

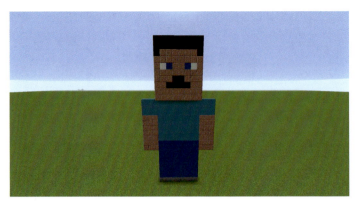

Abbildung 11.5: Fertige Steve-Statue

Kniende Statue

So eine Steve-Statue ist ein garantierter Blickfang, nicht nur durch ihre Größe, sondern auch, weil sie sehr bunt ist. Klassisch sind Statuen im echten Leben häufig eher einfarbig, zum Beispiel aus Stein, Marmor oder Bronze. Ein solches klassisches Modell wirst du nun kennenlernen. Es ist inspiriert von alten griechischen Statuen, die häufig besonders Kraft und Stärke zeigen sollten.

Beine

Grundlage für diesen Typ von Statue bilden zunächst wieder die Beine der Statue. Das erste Bein kannst du in Abbildung 11.6 sehen. Es besteht aus drei Steinziegeltreppen und drei Steinziegel-Blöcken.

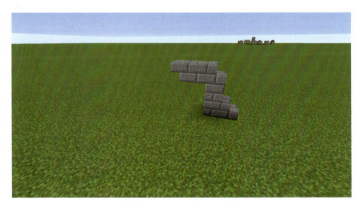

Abbildung 11.6: Erstes Bein

11.1 Statuen

Da es sich auf einem Bein bekanntlich schlecht steht, folgt in Abbildung 11.7 das zweite Bein der Statue. Auch hier kommen wieder Steinziegeltreppen und normale Steinziegel-Blöcke zum Einsatz, diesmal allerdings nur zwei Treppen-Blöcke.

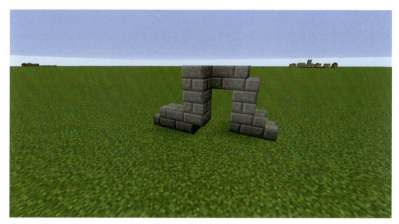

Abbildung 11.7: Zweites Bein

Körper

Vielleicht hast du an dieser Stelle noch Schwierigkeiten, zu erkennen, dass es sich hierbei um Beine handeln soll. Die gesamte Konstruktion wird deutlicher, wenn du wie in Abbildung 11.8 einen Körper aus Steinblöcken auf die Beine setzt. Nun wird deutlich, dass es sich bei der Statue um einen knienden Menschen handelt.

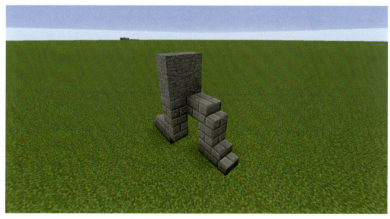

Abbildung 11.8: Körper aus Steinblöcken

183

11 Statuen und Monumente

Kopf

Und da zu einem Menschen auch ein Kopf gehört, wird dieser im nächsten Schritt auf den Körper gesetzt. In Abbildung 11.9 besteht der Kopf aus einem 4 x 4 Blöcke großen Würfel aus poliertem Andesit.

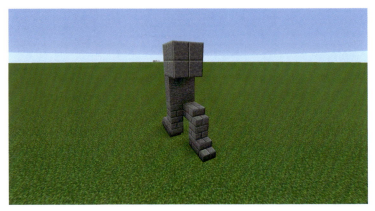

Abbildung 11.9: Kopf aus poliertem Andesit

Arme

Mit diesem Grundgerüst für eine kniende Statue kannst du nun verschiedene Varianten bauen, indem du unterschiedliche Armhaltungen ausprobierst. In Abbildung 11.10 siehst du zum Beispiel einen angewinkelten Arm, bestehend aus normalen und gemeißelten Steinziegeln.

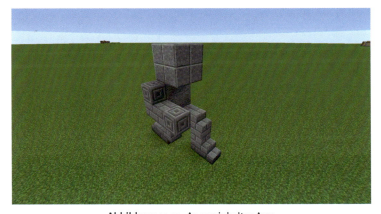

Abbildung 11.10: Angewinkelter Arm

11.1 Statuen

In Abbildung 11.11 wird der Statue ein weiterer Arm hinzugefügt, der diesmal ausgestreckt ist.

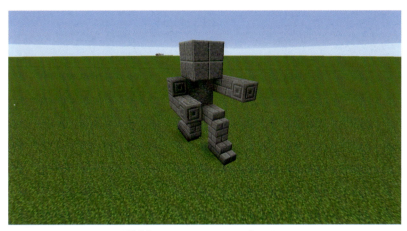

Abbildung 11.11: Ausgestreckter Arm

Eine andere Variation findest du in Abbildung 11.12. Hier sind beide Arme der Statue angelegt und bestehen komplett aus gemeißelten Steinziegeln.

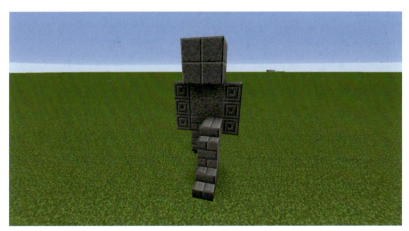

Abbildung 11.12: Statue mit zwei angelegten Armen

Wenn du deine Statue wirklich alt aussehen lassen möchtest, könntest du sie wie in Abbildung 11.13 mit Ranken verzieren. So wirkt sie, als würde sie schon seit Tausenden von Jahren der Natur trotzen.

11 Statuen und Monumente

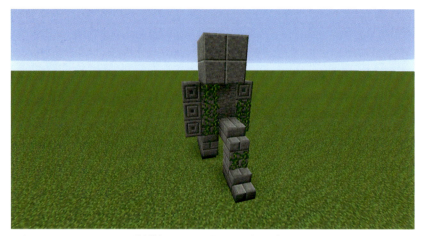

Abbildung 11.13: Statue mit Ranken

Du kannst deine Statue aber auch spektakulär mit Feuer dekorieren, das sie in der Hand hält, wie in Abbildung 11.14 gezeigt.

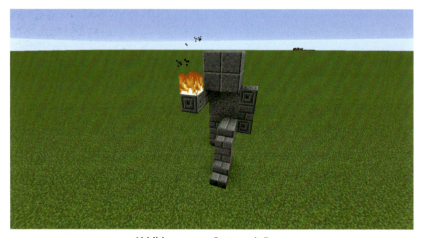

Abbildung 11.14: Statue mit Feuer

Oder du lässt sie wie in Abbildung 11.15 einen Baumstamm stemmen. Wenn du genau hinschaust, fällt dir auf, dass die Statue dort nicht nur eine andere Armhaltung besitzt als ihre Vorgänger, sondern auch der Kopf einen Block nach vorne und einen Block nach unten gewandert ist. So sieht es aus, als würde die Statue den Kopf unter der Last des Baumstamms nach vorne neigen.

11.1 Statuen

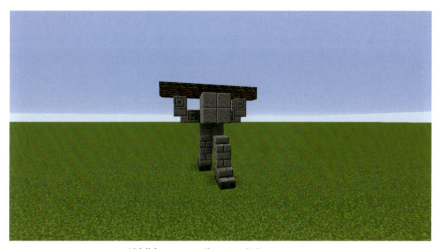

Abbildung 11.15: Staute mit Baumstamm

Schwein

Nicht nur die Überschrift, auch die rosa Füße in Abbildung 11.16 verraten, dass es als Nächstes um eine Tier-Statue geht, genauer ausgedrückt um eine Schweine-Statue.

Füße

Wichtigstes Material dafür ist rosa Beton, wie er auch schon für die Füße in Abbildung 11.16 zum Einsatz kommt.

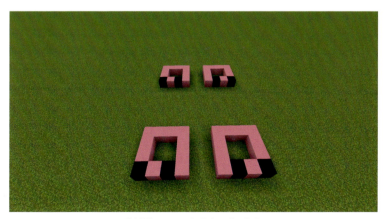

Abbildung 11.16: Schweinefüße

11 Statuen und Monumente

Auch bei den Beinen, die du in Abbildung 11.17 siehst, kommt der rosa Baustoff zum Einsatz.

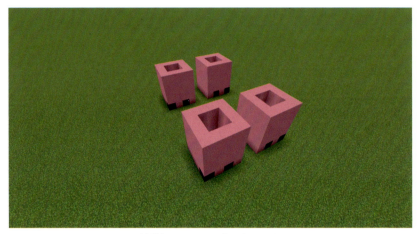

Abbildung 11.17: Schweine-Beine

Rumpf

Auf die Beine folgt, zunächst nur zwei Blöcke hoch, der Rumpf des Schweins. An der Vorderseite steht der Rumpf wie in Abbildung 11.18 einen Block nach vorne über, an allen anderen Seiten schließt er bündig mit den Beinen ab.

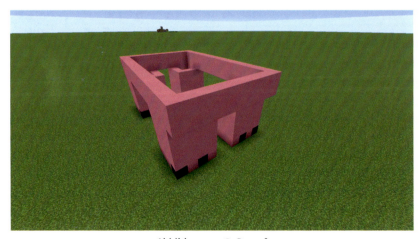

Abbildung 11.18: Rumpf

Kopf

An der Vorderseite wird auf dem Rumpf der Kopf des Schweins angebaut. Dieser ist, wie du in Abbildung 11.19 siehst, auf jeder Seite zwei Blöcke schmaler als der gesamte Körper.

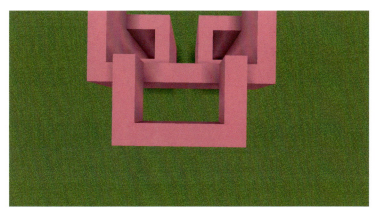

Abbildung 11.19: Ausbuchtung für den Kopf

In Abbildung 11.20 ist der Schweinekopf schon fast fertig. Deutlich zu sehen ist, dass noch die Augen fehlen, für die bereits Löcher vorgesehen sind. Aber auch die Nase fehlt noch zum fertigen Schwein.

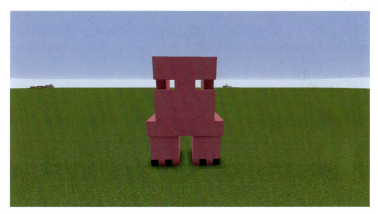

Abbildung 11.20: Kopf des Schweins

Die Augen werden jeweils aus einem Block schwarzem und weißem Beton gefertigt und geben dem Schwein sein für Minecraft typisches Schielen, wie du in Abbildung 11.21 erkennst.

11 Statuen und Monumente

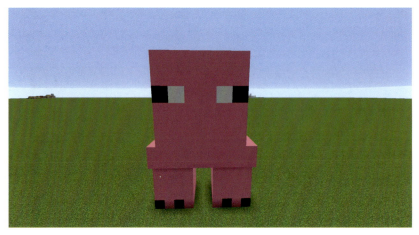

Abbildung 11.21: Augen

Die Nase des Schweines besteht hauptsächlich wieder aus rosa Beton mit zwei schwarzen Betonblöcken als Nasenlöcher.

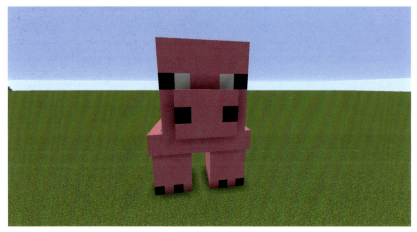

Abbildung 11.22: Nase

Körper

Damit ist die Schweine-Statue auch schon fast fertig. Du musst nun nur noch den Körper des Schweins schließen, das ist zwar etwas Fleißarbeit, aber dafür recht einfach zu erledigen. Das fertige Ergebnis kannst du in Abbildung 11.23 bestaunen.

11.1 Statuen

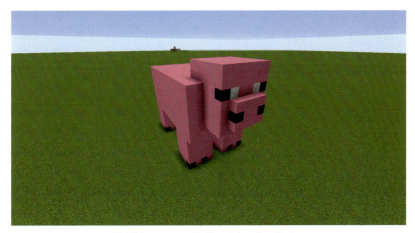

Abbildung 11.23: Fertige Schweine-Statue

Freiheitsstatue

Die Freiheitsstatue gehört zu den bekanntesten Statuen der Erde und steht wie kaum ein anderes Wahrzeichen für die Vereinigten Staaten von Amerika.

Sockel

Der Grundriss für die Freiheitsstatue in Abbildung 11.24 lässt noch nicht erkennen, was hier einmal entsteht.

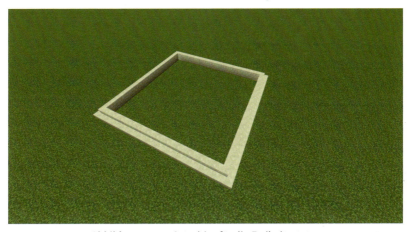

Abbildung 11.24: Grundriss für die Freiheitsstatue

11 Statuen und Monumente

Das liegt daran, dass das lediglich der Fuß für den Sockel ist, auf dem die Freiheitsstatue später stehen soll. In Abbildung 11.25 kannst du schon sehen, wie der Sockel langsam Form annimmt.

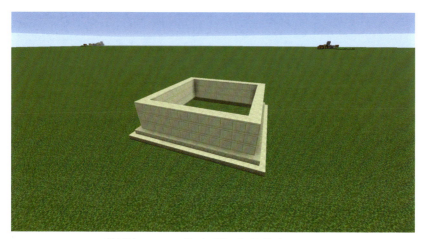

Abbildung 11.25: Sockel für die Freiheitsstatue

Auf den drei Blöcke hohen Sockel wird dann eine Platte gebaut, die jeweils einen Block Abstand zum Rand des Sockels hat, wie du in Abbildung 11.26 siehst. Auf dieser Platte entsteht dann die Statue.

Abbildung 11.26: Platte auf dem Sockel

Körper

Während der Sockel komplett aus Sandstein besteht, kommt für die Statue selbst eines der edelsten Materialen zum Einsatz: Diamant. Die bläulichen Blöcke erinnern an das Kupfer der Freiheitsstatue. Den Anfang der Statue siehst du in Abbildung 11.27.

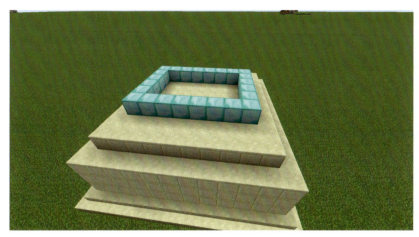

Abbildung 11.27: Anfang der Freiheitsstatue

Auf dieser ersten Reihe werden die Beine und der Körper der Freiheitsstatue in Form eines großen Blocks platziert, wie du in Abbildung 11.28 erkennst.

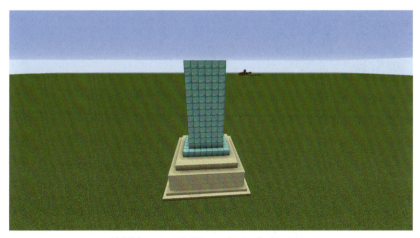

Abbildung 11.28: Körper der Freiheitsstatue

11 Statuen und Monumente

Fackel

Berühmt ist die Freiheitsstatue – oder Lady Liberty, wie sie im Englischen genannt wird – insbesondere auch für ihre Fackel, die sie in die Höhe hält. Bevor du die Fackel bauen kannst, muss aber zunächst einmal ein Arm her, mit dem die Fackel gehalten werden kann. Diesen Arm siehst du in Abbildung 11.29.

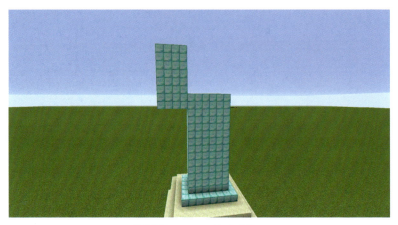

Abbildung 11.29: Fackel-Arm

Die Fackel selbst besteht dann aus zwei überlappenden Rändern. Das in Abbildung 11.30 gezeigte Feuer besteht passend zur Diamant-Statue aus reinen Goldblöcken. Du merkst, es kommen nur die edelsten Baumaterialien zum Einsatz.

Abbildung 11.30: Fackel

Kopf

Als nächster Schritt wird der Lady Liberty nun noch ein Kopf verpasst. Diesen siehst du in Abbildung 11.31, inklusive Aussparungen für die Augen.

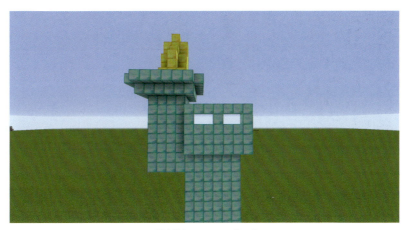

Abbildung 11.31: Kopf

Auf den Kopf wird im Anschluss die Krone gesetzt. Diese besteht aus demselben Material wie der Rest der Statue und ist in Abbildung 11.32 zu sehen.

Abbildung 11.32: Krone

Zur Fertigstellung des Kopfes fehlen nun nur noch die Augen. Diese werden wie schon bei der Schweinestatue wieder jeweils aus einem schwarzen und einem weißen Beton-

11 Statuen und Monumente

block gebaut. So erhält auch die Freiheitsstatue den für Minecraft so typischen Schiel-Blick.

Abbildung 11.33: Augen

Buch

Zur Fertigstellung des Monuments fehlt nur noch der rechte Arm, in dem die Lady Liberty ein Buch hält. Das Ergebnis findest du in Abbildung 11.34.

Abbildung 11.34: Fertige Freiheitsstatue

11.2 Monumente

In diesem letzten Abschnitt geht es um den Bau von Monumenten, also großen Denkmalen. Monumente könnten in Minecraft natürlich auch auf der Karte vorkommen, zum Beispiel in Form von Ozeanmonumenten oder Tempeln. Hier soll es aber um den Bau von eigenen Monumenten gehen. Häufig können dabei real existierende Gebäude Vorbild sein.

Pyramide

So auch beim Bau von Pyramiden. Die Pyramiden von Gizeh gelten als eines der sieben Weltwunder und das Einzige noch heute erhaltene. Ihr Bau dauerte über ein Jahrhundert. In Minecraft kannst du zum Glück schneller Pyramiden bauen.

In Abbildung 11.35 siehst du den Grundriss für eine Pyramide, er besteht aus Sandsteintreppen.

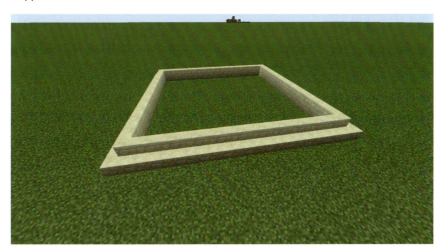

Abbildung 11.35: Grundriss einer Pyramide

Beim Bau von Pyramiden kannst du auf dieselbe Hilfskonstruktion setzen, die du schon für den Bau von Zeltdächern kennengelernt hast. Zur Erinnerung ist das Vorgehen in Abbildung 11.36 noch einmal gezeigt.

11 Statuen und Monumente

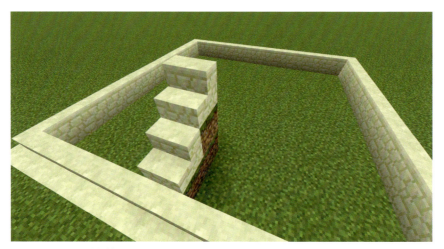

Abbildung 11.36: Hilfskonstruktion zum Bau einer Pyramide

Auf diese Weise ist der Bau einer Pyramide kinderleicht. Du stapelst einfach reihenweise Treppen-Blöcke übereinander und gehst auf jeder neuen Ebene immer einen Schritt weiter nach innen, bis deine Pyramide an der Spitze aufeinandertrifft. Die fertige Pyramide sieht dann wie in Abbildung 11.37 gezeigt aus.

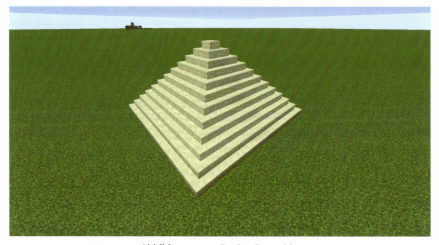

Abbildung 11.37: Fertige Pyramide

Weitere Monumente

Beide Monumente, die du nun gebaut hast, orientieren sich an realen Vorbildern. Einige weitere Beispiele dafür, wie reale Monumente in Minecraft umgesetzt werden können, findest du in diesem Abschnitt. Allerdings sind diese Monumente so komplex, dass es unmöglich ist, sie Schritt für Schritt zu erklären. Sie sollen dir daher eher als Inspiration dienen und nicht als konkrete Bauanleitung.

Um Gebäude aus der realen Welt umzusetzen, solltest du dir zunächst im Internet Bilder aus verschiedenen Perspektiven suchen, sodass du alle Seiten akkurat nachbauen kannst. Für viele berühmte Gebäude findest du im Internet sogar 3D-Modelle, die dir den Nachbau noch einmal deutlich einfacher machen.

Triumphbogen

Der Triumphbogen, oder Arc de Triomphe, ist neben dem Eiffelturm eines der großen Wahrzeichen von Paris. Gerade durch seine Bogenform ist er in Minecraft gar nicht so einfach umzusetzen. Nur wenn du ihn entsprechend groß baust, wird die Bogenform aus der Ferne betrachtet so schön rund wie in Abbildung 11.38.

Abbildung 11.38: Triumphbogen

Brandenburger Tor

Dagegen ist das Brandenburger Tor beinahe einfach umzusetzen. Durch seine strengen Linien und klaren Symmetrien eignet es sich vergleichsweise gut dafür, in Minecraft nachgebaut zu werden. Lediglich die Statue in der Mitte, die Quadriga, verlangt selbst erfahrenen Baumeistern einiges an Geschick ab.

11 Statuen und Monumente

Abbildung 11.39: Brandenburger Tor

Tadsch Mahal

Wirklich nur für echte Profis zu empfehlen ist der Tadsch Mahal, eines der großen Wahrzeichen Indiens. Neben den immensen Dimensionen sind es vor allem die zahlreichen Kuppelformen und Rundungen, die du in Abbildung 11.40 sehen kannst, die den Nachbau dieses Monuments in Minecraft besonders schwer machen.

Abbildung 11.40: Tadsch Mahal

Du kannst aber nicht nur existierende Monumente aus der echten Welt nachbauen, natürlich sollst du auch selbst kreativ werden und deine ganz eigenen Weltwunder erschaffen. Deiner Kreativität sind wie immer keine Grenzen gesetzt.

Index

A
Abbaugeschwindigkeit 21
Amboss 94
Aquarium 86

B
Balkon 47
Banner 70, 95
    Farbe 71
    Flaggen 79
    Motiv 72
Bar 55, 64
Barhocker 55
Baum 145
Baumhaus 145
Bauplatz 13
Beleuchtung 65
Bemooster Bruchstein 26
Bett 17
Billardtisch 64
Biom 13
Blumen 82
Blumenbeet 97
Blumentopf 64, 82
Boot
    Geschwindigkeit 110
Bruchstein
    bemooster 26
Brücke 103
Brunnen 97
Burg 113
Burggraben 115

D
Dach 34
    Flachdach 34
    Satteldach 34
    Zeltdach 34
Dekoration 65

Diamanterz 24
Doppeltür 33
Dungeon siehe Verlies
Dunstabzugshaube 63

E
Eisenerz 24
E-Mail 11
Endportalrahmen 92
Erz 24
    Vorkommen 24
Esszimmer 63

F
Facebook 11
Falle 161
    Baum 164
    Diamant 165
Flagge 79
    Amerika 82
    Deutschland 79
    Österreich 80
    Schweiz 80
    Vereinigtes Königreich 80
Fliegen
    Geschwindigkeit 110
Freiheitsstatue 191

G
Galeere 138
Gemälde 69
Geschwindigkeit
    Boot 110
    Fliegen 110
    Lore 110
Giebel 39
Glas 43
Golderz 24

Index

H
Haltbarkeit 15
Haus 31
    einfach 32
    klassisch 32
    modern 43
    zweistöckig 37
Hecke 36
Heißluftballon 156
Helligkeit 66
Höhle 19
    Eingang 24
    Stollen 25
Höhlenspinne 30
Holz 15

I
Inneneinrichtung 51

K
Kamin 85
Kanal 110
    Übergang 111
Kanonen 167
Kies 22
Kochinsel 63
Kohle 15, 19, 24
Küche 63
Kühlschrank 63

L
Lampe 65
Lapislazulierz 24
Laterne 90
Lava 158
Leuchtfeuer 92
Lore
    Geschwindigkeit 110
Luxusvilla 48

M
Mauer 157
Mine
    verlassene 28

Monsterspawner 26
Monument 197

N
Nachtlichtsensor 90
Notenblock 120

P
Panoramafenster 46
Platz 96
Pool 49
Pyramide 197

Q
Quarz 44

R
Rahmen 70, 94
Ranken 84
Redstone-Erz 24
Redstone-Fackel 90
Redstone-Lampe 90

S
Schiff 135
Schiffswrack 143
Schild 93
Schleichen 35
Schloss 122
Seelaterne 92
Sessel 52
Sitzgelegenheit 51
Smaragderz 24
Sofa 52
    Kissen 54
Sonnenuntergang 14
Spielbeginn
    Rohstoffe 14
Spinne 159
Spinnweben 30
Spitzhacke 21
Stars and Stripes 82
Statue 179
Steinziegel 32

Index

Steve 179
Straße 89
Stuhl 51
    geschwungen 55

T
Tag 14
Tageslichtsensor 90
Teppich 53
Terrasse 50
Theke 64
Thron 57
Tisch 59
    Couchtisch 60
    Esstisch 61
    Steintisch 62
TNT 163
TNT-Kanone siehe Kanone
Torhaus 116
Treibladung 167
Truhe
    Gegenstände in Minen-Truhen 29
    Gegenstände in Verlies-Truhen 27
Turm 114, 116

U
Überlebensmodus 19
Umbenennen 94
Union Jack 80

V
Verlassene Mine 28
Verlies 25
Verteidigungsanlage 157

W
Wasser 161
Wasserfall 84
Website 11
Wegweiser 93

Z
Zapfhahn 65
Zaun 36
Zugbrücke 115

Daniel Braun

LET'S PLAY
Dein Praxis-Guide für Minecraft

**Mit großem Poster:
die wichtigsten Crafting-Rezepte**

2. Auflage

Mit großem Poster in DIN A2: die wichtigsten Crafting-Rezepte

Liste aller Monster mit Angabe der Stärken und Schwächen

Von Nahrung, Waffen, Rüstungen und Kämpfen über fortgeschrittene Redstone-Schaltungen und kunstvolle Bauprojekte bis zum Sieg über den Enderdrachen

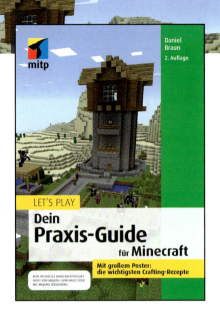

Minecraft ist eines der meistverkauften Spiele aller Zeiten. Über 30 verschiedene Wesen bevölkern die unterschiedlichsten Landschaften und über 150 Gegenstände warten darauf, entdeckt und gebaut zu werden. Da ist es gar nicht so einfach, den Überblick zu behalten und alle Möglichkeiten auszuschöpfen.

Mit diesem Buch wirst du ein wahrer Minecraft-Profi, so dass du gegen alle Widrigkeiten bestens gerüstet bist und bis in die Tiefen des Spiels vordringen kannst, egal ob allein oder mit Freunden.

Nachdem du gelernt hast, wie du dich mit ausreichend Nahrung, starken Waffen und effektiven Rüstungen eindeckst, kannst du dich in den tiefsten Dschungel und die größte Wüste wagen, um seltene Tempel und Dörfer zu entdecken. Berücksichtige hier jedoch zahlreiche Reise- und Verhaltenstipps, damit du nicht in tödliche Tempelfallen stolperst!

Wenn die Oberwelt erkundet ist, wird es Zeit, dich in gefährlichere Gebiete zu begeben. In die »Nether«, die Hölle, sollten sich nur fortgeschrittene Spieler wagen.

Wenn du immer noch nicht genug hast, ist es Zeit für den Kampf gegen den mächtigen Enderdrachen. Bevor du dich an diesen heranwagst, solltest du dich mit verschiedenen Tipps und Tricks vertraut machen. Im letzten Kapitel findest du eine Liste von Cheats, mit denen selbst der härteste Gegner kein Problem mehr darstellt.

Mit Redstone kannst du zahlreiche spannende Schaltungen bauen. Du erfährst hierzu nicht nur die Grundlagen vom Türöffner bis zur Selbstschussanlage, sondern kannst auch automatische Farmen und Fallen erstellen – selbst für Redstone-Profis eine Herausforderung.

Wer lieber friedlich baut, findet in dem Buch zahlreiche Bauprojekte und viel Inspiration für eigene Kreationen – egal, ob auf dem Land, im Wasser oder sogar in der Luft. Außerdem lernst du, wie du deine Bauwerke mit Bannern schmücken kannst.

Die letzten zwei Kapitel enthalten praktische Schnellübersichten: alle Wesen mit deren Stärken und Schwächen, alle Crafting-Rezepte.

Das Buch richtet sich an Einsteiger und fortgeschrittene Minecraft-Spieler auf dem Weg zum Profi.

ISBN 978-3-95845-825-3

Probekapitel und Infos erhalten Sie unter:
www.mitp.de/825

Daniel Braun

LET'S PLAY
Dein Redstone-Guide
Mit Minecraft Schaltungen bauen
Mit Poster: alle Redstone-Rezepte

Mit Türöffnern, Zahlenschlössern, Geheimgängen, Aufzügen und Fallen dein Haus aufrüsten

Gegenstände auf Schienen transportieren: von Kreuzungen und Weichen über eine U-Bahn bis zu einem automatischen Güterbahnhof

Noch trickreicher bauen: Kanonen, Schießstand, automatische Farmen und Lagerhäuser, Zahlendisplay, Kanäle und Luftschiffe

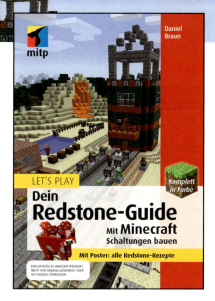

Die Welt von Minecraft steckt voller Möglichkeiten, die es zu entdecken gilt. Einige davon sind leicht zu finden, andere sind so gut versteckt, dass viele Spieler sie gar nicht kennen. Hättest du zum Beispiel gewusst, dass man in Minecraft mit Redstone Luftschiffe bauen kann, die ganz von selbst durch die Luft schweben?

Mit Redstone-Schaltungen lassen sich in Minecraft besonders spannende Dinge umsetzen. Aber gerade das Bauen von Schaltkreisen ist auch eine kleine Herausforderung. Der Autor nimmt dich mit auf eine Reise und zeigt dir ganz neue Möglichkeiten des Bauens auf der Basis von Redstone-Schaltungen.

Mit diesem Buch erstellst du zahlreiche trickreiche Schaltungen. Du kannst dein Haus mit Türöffnern, Schlössern, Geheimgängen und Aufzügen aufrüsten und mit trickreichen TNT- oder Wasserfallen dein Eigentum schützen.

Mithilfe von Farmen kannst du dich automatisch mit Essen, Schießpulver und Ähnlichem versorgen. Mit Schienen oder Bootskanälen kannst du Gegenstände und Spieler schnell über weite Strecken transportieren.

In einem Kapitel zur Automatisierung zeigt dir der Autor, wie du mit Redstone-Schaltungen deine Gegenstände effizient in einem automatischen Lagerhaus organisieren und sogar mit einem automatischen Ofen viel Zeit beim Einschmelzen von Dingen sparen kannst. Falls du all deine Gegenstände auch noch zählen möchtest, lernst du, wie du ein Zahlendisplay erstellst, um es z.B. für eine selbst gebaute Zählmaschine zu verwenden.

Falls du noch Waffen benötigst, findest du Bauanleitungen für Kanonen in verschiedenen Größen und Stärken. Außerdem erfährst du, wie deinen eigenen Schießstand baust, um deine Fertigkeiten mit dem Bogen zu verbessern.

Ganz zum Schluss eroberst du noch die Lüfte. Im letzten Kapitel geht es um den Bau von Motoren, die zum Antrieb von Luftschiffen verwendet werden, die nicht nur Personen, sondern auch TNT transportieren. Damit wirst du deine Gegner garantiert überraschen.

Mit diesem Buch wirst du Redstone-Profi!

ISBN 978-3-95845-680-8

Probekapitel und Infos erhalten Sie unter:
www.mitp.de/680

Daniel Braun

LET'S PLAY
Programmieren lernen mit Java und Minecraft

Programmieren lernen ohne Vorkenntnisse

2. Auflage

Erschaffe deine eigene Welt: mächtige neue Waffen erstellen wie z.B. ein Feuerschwert, auf Knopfdruck Türme und ganze Häuser bauen, automatisch auf Veränderungen in der Welt reagieren

Neue Crafting-Rezepte und eigene Spielmodi entwickeln wie z.B. eine Schneeballschlacht mit Highscore-Liste

Mit umfangreicher Referenz zu allen Programmierbefehlen

Du spielst schon lange Minecraft und denkst, du hast schon alles gesehen? Kennst du schon das Feuerschwert, den Enderbogen oder den Spielmodus »Schneeballschlacht«? Du willst auf Knopfdruck Türme, Mauern oder sogar ganze Häuser bauen? Vollautomatisch auf Geschehnisse in der Spielwelt reagieren? Mit eigenen Plugins kannst du all das und noch viel mehr entdecken und ganz nebenbei auch noch programmieren lernen.

Daniel Braun zeigt dir, wie du mit Java und Bukkit oder Spigot Erweiterungen für Minecraft programmierst, sogenannte Plugins, die du dann zusammen mit deinen Freunden auf deinem eigenen Minecraft-Server ausprobieren kannst. Dafür sind keine Vorkenntnisse erforderlich, du lernst alles von Anfang an.

Nach dem Programmieren einfacher Chat-Befehle wirst du coole Plugins zum Bauen erstellen, so dass mit einem einzigen Befehl sofort z.B. ein fertiges Haus oder eine Kugel vor dir steht. Außerdem erfährst du, wie deine Plugins automatisch auf Geschehnisse in der Spielwelt reagieren können.

Du kannst auch eigene Crafting-Rezepte entwerfen, um z.B. mächtige neue Waffen zu kreieren wie das Feuerschwert, das alles in Brand setzt, worauf es trifft. Am Ende lernst du sogar, wie du eigene Spielmodi entwickeln kannst, also ein Spiel im Spiel. Ob eine Schneeballschlacht mit Highscore-Liste oder ein Wettsammeln mit Belohnung für den Sieger, hier ist jede Menge Spaß garantiert.

Für das alles brauchst du keine Vorkenntnisse, nur Spaß am Programmieren. Es beginnt mit ganz einfachen Beispielen, aber mit jedem Kapitel lernst du mehr Möglichkeiten kennen, um Minecraft nach deinen Wünschen anzupassen. Am Ende kannst du richtig in Java programmieren und deiner Kreativität sind keine Grenzen mehr gesetzt, um deine eigene Minecraft-Welt zu erschaffen.

ISBN 978-3-95845-794-2

Probekapitel und Infos erhalten Sie unter:
www.mitp.de/794

Daniel Braun

LET'S PLAY
Plugins erstellen mit Python
Dein Minecraft-Programmier-Guide

Erschaffe deine eigene Welt: mächtige neue Waffen erstellen wie z.B. ein Feuerschwert, auf Knopfdruck Türme und ganze Häuser bauen, automatisch auf Veränderungen in der Welt reagieren

Neue Crafting-Rezepte und eigene Spielmodi entwickeln wie z.B. eine Schneeballschlacht mit Highscore-Liste

Mit umfangreicher Referenz zu allen Programmierbefehlen

Du spielst schon lange Minecraft und denkst, du hast schon alles gesehen? Kennst du schon das Feuerschwert, den Enderbogen oder den Spielmodus »Schneeballschlacht«? Du willst auf Knopfdruck Türme, Mauern oder sogar ganze Häuser bauen? Vollautomatisch auf Geschehnisse in der Spielwelt reagieren? Mit eigenen Plugins kannst du all das und noch viel mehr entdecken und ganz nebenbei auch noch programmieren lernen.

Python ist für Programmiereinsteiger besonders leicht zu lernen. Daniel Braun zeigt dir, wie du mit Python und Bukkit oder Spigot Erweiterungen für Minecraft programmierst, sogenannte Plugins, die du dann zusammen mit deinen Freunden auf deinem eigenen Minecraft-Server ausprobieren kannst. Dafür sind keine Vorkenntnisse erforderlich, du lernst alles von Anfang an.

Nach dem Programmieren einfacher Chat-Befehle wirst du coole Plugins zum Bauen erstellen, so dass mit einem einzigen Befehl sofort z.B. ein fertiges Haus oder eine Kugel vor dir steht.

Außerdem erfährst du, wie deine Plugins automatisch auf Geschehnisse in der Spielwelt reagieren können.

Du kannst auch eigene Crafting-Rezepte entwerfen, um z.B. mächtige neue Waffen zu kreieren wie das Feuerschwert, das alles in Brand setzt, worauf es trifft.

Am Ende lernst du sogar, wie du eigene Spielmodi entwickeln kannst, also ein Spiel im Spiel. Ob eine Schneeballschlacht mit Highscore-Liste oder ein Wettsammeln mit Belohnung für den Sieger, hier ist jede Menge Spaß garantiert.

Für das alles brauchst du keine Vorkenntnisse, nur Spaß am Programmieren. Es beginnt mit ganz einfachen Beispielen, aber mit jedem Kapitel lernst du mehr Möglichkeiten kennen, um Minecraft nach deinen Wünschen anzupassen. Am Ende kannst du richtig in Python programmieren und deiner Kreativität sind keine Grenzen mehr gesetzt, um deine eigene Minecraft-Welt zu erschaffen.

ISBN 978-3-95845-795-9

Probekapitel und Infos erhalten Sie unter:
www.mitp.de/795

LET'S PLAY
Lust auf mehr Minecraft?
Bücher und Übersichtskarten zum Thema im mitp-Verlag:

ISBN 978-3-95845-825-3
www.mitp.de/825

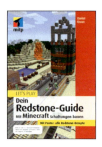
ISBN 978-3-95845-680-8
www.mitp.de/680

ISBN 978-3-95845-794-2
www.mitp.de/794

ISBN 978-3-95845-795-9
www.mitp.de/795

178 Crafting-Rezepte
ISBN 978-3-95845-343-2
www.mitp.de/343

Redstone
ISBN 978-3-95845-341-8
www.mitp.de/341

Verzauberungen und Tränke
ISBN 978-3-95845-340-1
www.mitp.de/340

Monster und Tiere
ISBN 978-3-95845-342-5
www.mitp.de/342

www.mitp.de